Viver **BEM** com **TDAH**

CB125741

CÓPIA NÃO AUTORIZADA É CRIME
ABDR
ASSOCIAÇÃO BRASILEIRA DE DIREITOS REPROGRÁFICOS
RESPEITE O DIREITO AUTORAL

Dados Internacionais de Catalogação na Publicação (CIP)
(Câmara Brasileira do Livro, SP, Brasil)

Hamdani, Sasha

Viver bem com TDAH : mais de 100 práticas de autocuidado / Sasha Hamdani ; tradução de Caio Liudvik. – Petrópolis, RJ : Vozes, 2025.

Título original: Self-care for people with ADHD.

2ª reimpressão, 2025.

ISBN 978-85-326-7113-4

1. Autocuidados de saúde 2. Bem-estar 3. Psicologia 4. Relatos de experiências 5. Transtorno de Déficit de Atenção com Hiperatividade (TDAH) I. Título.

25-266825 CDD-616.85889

Índices para catálogo sistemático:

1. Transtorno de Déficit de Atenção com Hiperatividade : Ciências médicas 616.85889

Eliane de Freitas Leite – Bibliotecária – CRB-8/8415

Sasha Hamdani

Viver BEM com TDAH

Mais de 100 práticas de autocuidado

TRADUÇÃO DE

CAIO LIUDVIK

EDITORA VOZES

Petrópolis

© 2023 by Simon & Schuster, Inc.
Publicado conforme acordo com Adams Media, um selo da Simon & Schuster, LLC, 1230 Avenue of the Americas, New York, NY 10020, USA.

Tradução do original em inglês intitulado *Self-Care for People with ADHD : 100+ Ways to Recharge, De-Stress, and Prioritize You!*

Direitos de publicação em língua portuguesa – Brasil:
2025, Editora Vozes Ltda.
Rua Frei Luís, 100
25689-900 Petrópolis, RJ
www.vozes.com.br
Brasil

Todos os direitos reservados. Nenhuma parte desta obra poderá ser reproduzida ou transmitida por qualquer forma e/ou quaisquer meios (eletrônico ou mecânico, incluindo fotocópia e gravação) ou arquivada em qualquer sistema ou banco de dados sem permissão escrita da editora.

Conselho Editorial

Diretor
Volney J. Berkenbrock

Editores
Aline dos Santos Carneiro
Edrian Josué Pasini
Marilac Loraine Oleniki
Welder Lancieri Marchini

Conselheiros
Elói Dionísio Piva
Francisco Morás
Teobaldo Heidemann
Thiago Alexandre Hayakawa

Secretário executivo
Leonardo A.R.T. dos Santos

Produção editorial

Anna Catharina Miranda
Bianca Gribel
Eric Parrot
Jailson Scota
Marcelo Telles
Mirela de Oliveira
Natália França
Priscilla A.F. Alves
Rafael de Oliveira
Samuel Rezende
Verônica M. Guedes
Vitória Firmino

Diagramação: Victor Mauricio Bello
Revisão gráfica: Nilton Braz da Rocha
Capa: Larissa Brito

ISBN 978-85-326-7113-4 (Brasil)
ISBN 978-1-5072-1943-0 (Estados Unidos)

Este livro foi composto e impresso pela Editora Vozes Ltda.

Sumário

Dedicatória

Este livro foi um trabalho de amor e o ponto culminante de muitos anos confusos navegando pelo TDAH. Certifiquei-me de que ninguém o lesse, de modo a poder ser tão nauseantemente sincera quanto eu quisesse.

Obrigada pela fé que me carregou ao longo dos momentos sombrios e estranhos e que me deu algo a que me agarrar. Obrigada a ambas minhas famílias por serem apoios constantes, e especialmente aos meus dois passarinhos, por iluminarem tanto a minha vida. Obrigada à minha coordenadora da faculdade de medicina, Gladys, por me abraçar quando eu mais precisei. Obrigada a toda a minha família Banner por colar de volta os meus pedaços e me transformar em uma médica. Obrigada à minha comunidade nas redes sociais por construir um mundo virtual tão lindo e inspirador e me permitir ser meu verdadeiro e autêntico eu. Obrigada, Radhika, por ser Radhika. E obrigada, Leah, que me arrancou da obscuridade e me deu a chance de ouro de escrever este livro.

Se eu pensar muito nisso, certamente começarei a chorar.

Então, obrigada a todos do fundo do meu coração.

Prefácio

O TDAH é uma parte de mim. Está intrinsecamente entrelaçado ao meu DNA e se expressa em quase todas as facetas da minha vida. Meu TDAH [Transtorno de Déficit de Atenção com Hiperatividade] cresceu comigo e mudou com cada nova etapa da minha vida. Fez-me perceber que cuidar de mim e do meu bem-estar é profundamente importante e não algo que eu pudesse deixar de lado ou esquecer. O TDAH me desafiou, mas também me impeliu a realizar coisas que nunca pensei que fossem possíveis. E foi isso o que me levou a escrever este livro.

Meus sintomas foram notados pela primeira vez na quarta série, na forma de uma garotinha vivaz que frequentemente tinha dificuldade de "sossegar". Mesmo tão jovem, eu era muito ciente de ser capaz de agir melhor, mas simplesmente não sabia como. A professora levou essas preocupações aos meus pais. Logo depois, fui formalmente diagnosticada com TDAH e comecei a tomar medicamentos. A diferença foi imediata. A escola ficou fácil e comecei verdadeiramente a gostar de aprender. Eu sabia que queria fazer medicina, mas, quando cheguei lá, tive de "me virar sozinha", sem a arquitetura de suporte que tinha conhecido anteriormente. Senti-me desiludida. Toda a minha identidade tinha sido definida pelo sucesso acadêmico, e essa imagem, cuidadosamente cultivada, ficou abalada. Foi então que percebi que a medicação, por si só, não bastava.

Com muito apoio, consegui completar a faculdade de medicina e ingressar em uma residência em psiquiatria. Foi onde minha jornada mudou. Pela primeira vez em minha vida, as pessoas *queriam* falar sobre o que estava acontecendo no meu cérebro. Naquele entorno seguro, percebi que o TDAH não é algo a ser consertado, mas sim algo a ser administrado. Eu tive o tempo e o espaço emocional para me distanciar do caos e lentamente construir estruturas organizacionais que se adequavam ao meu cérebro. Comecei a experimentar atividades de autocuidado para construir meu foco, acalmar minhas emoções e combater padrões de pensamento nocivos. Comecei a verdadeiramente aceitar meu jeito de pensar diferente e o vi em todos os seus atributos positivos, ao invés de focar nos negativos. Foi como um renascimento. Com essa ressignificação e essa compreensão mais profunda de minha própria rede neural única, senti como se pudesse pensar mais claramente, comunicar-me mais efetivamente, e permanecer presente no aqui-agora.

Desde então, continuei a me basear nessas rotinas de autocuidado de preservação da vida. O TDAH não desaparece, mas aprender como capitalizar nossas forças e mitigar nossas fraquezas pode conduzir nosso barco para um porto seguro. O autocuidado não é apenas uma série de extravagâncias; é também uma forma de estar atento às nossas necessidades individuais, de modo que possamos alcançar uma vida saudável, equilibrada e feliz. Dedicar tempo e esforço à automanutenção, a *self-nourishment*, continua a ser a jornada mais curativa da minha vida.

Sou muito grata por ter tido essa oportunidade, porque fui capaz de escrever o guia que gostaria que alguém tivesse escrito para mim. O autocuidado não é uma epifania deslumbrante ou um truque de vida único. É uma série de pequenas escolhas que podem levar você a um melhor você. Deixe-me mostrar como...

Introdução

Viver com transtorno do déficit de atenção com hiperatividade (TDAH) requer que sejamos atentos a coisas que outras pessoas consideram óbvias no dia a dia. Tarefas e ações que ocorrem sem esforço para algumas pessoas podem ser difíceis de realizar para pessoas com TDAH. Como resultado, as pessoas com TDAH devem aprender como cuidar de si mesmas de modos que recompensem e alimentem seu cérebro, ao invés de fazê-las se sentirem como se estivessem sendo forçadas a se enquadrarem em critérios neurotípicos. Daí por que, se você está coexistindo com o TDAH, é especialmente importante que dedique tempo a cuidar-se.

Desenvolver práticas saudáveis de autocuidado é parte da administração comportamental do TDAH. Essas práticas nos permitem encarar as exigências da vida diária, participar de modo mais significativo e permanecer em um espaço mental saudável. É aí que entra o *Viver bem com TDAH*. Neste livro, você encontrará mais de cem práticas de autocuidado que vão empoderar, rejuvenescer e ajudá-lo(a) a estar no seu melhor.

O autocuidado para pessoas que vivem com TDAH envolve mais do que apenas os atos estereotipados de mimo – é um conjunto de técnicas de sobrevivência que evitam que você se esgote. Essas técnicas precisam ser praticadas e compreendidas e aplicadas, porque é preciso disciplina para assumir a responsabilidade pelo seu bem-estar.

Eis aqui algumas das atividades que você encontrará neste livro:

- Permita-se tirar a máscara
- Reconheça os seus gatilhos
- Aprenda como alimentar o seu cérebro
- Entenda e reconheça o hiperfoco
- Identifique a sensibilidade à rejeição
- Cuidado com as interrupções
- Deixe de lado o perfeccionismo

Como uma médica com TDAH, acredite em mim quando digo que promover uma relação sadia com o seu diagnóstico é a chave para viver uma vida satisfatória.

Pessoas com TDAH são criativas, brilhantes, animadas e enérgicas, e compõem uma comunidade vibrante da qual você deveria se orgulhar. E, se você suspeita que tem TDAH e se pegar dizendo, "Ei, isso parece comigo", enquanto lê este livro, fale com seu médico e busque o suporte de que precisa.

O autocuidado começa com a convicção de que você tem valor.

Deixe este livro o(a) erguer, validar e encorajar, porque você tem valor! Portanto, prepare-se para a experiência dos poderes curativos do autocuidado!

1

Autocuidado emocional

Pessoas com TDAH precisam estar especialmente atentas às suas necessidades emocionais enquanto navegam pela jornada de administrar seus sintomas. Devido à desregulação emocional, você luta com sentimentos que parecem maiores, mais intensos e mais difíceis de controlar. Você pode ser mais facilmente impactado(a) pelos climas emocionais de outras pessoas. Pode também lutar com sentimentos de vergonha e culpa, pois tem controle limitado sobre suas respostas a situações emocionalmente exigentes. Daí por que o autocuidado – as medidas que você toma para se conectar com suas emoções e processá-las de um modo saudável – é tão vital.

Neste capítulo você vai aprender como alimentar suas próprias necessidades emocionais. As atividades descritas aqui lhe permitirão aprender mais sobre as complexidades e sutis nuanças do cérebro com TDAH, e como utilizá-las para cuidar de seu cenário emocional. Essas práticas simples e viáveis devem ser repetidas sempre que necessário e incorporadas em uma rotina, conforme você observa progressos.

Algumas atividades de autocuidado emocional que você encontrará neste capítulo vão reformular sua ideia de fracasso, desafiando pensamentos negativos, celebrando pequenas vitórias e focando na gratidão. Responder às suas necessidades emocionais pode não ocorrer naturalmente a princípio, mas se torna mais fácil e mais satisfatório conforme você aprende a integrar isso à sua vida.

Envolvendo-se regularmente em autocuidado emocional e empregando autocompaixão você pode desenvolver mecanismos saudáveis de compensação que fortalecem muito sua alegria e sensação de bem-estar.

Descubra aquilo pelo que você tem gratidão

Gratidão é o sentimento de apreço pelo que você tem e recebe. É um modo de reconhecer o que há de bom em sua vida. Focar na gratidão é um meio infalível de se tornar mais conectado(a) com emoções positivas, de lidar com a adversidade e de cultivar relacionamentos sadios. Aqui estão algumas dicas sobre a prática da gratidão:

- **Não é só pelas coisas grandes.** Esteja atento(a) e grato(a) por qualquer coisa boa – grande ou pequena – que aconteça. A gratidão ensina a reformular o modo de ver as coisas: explorar e apreciar o bom ao invés de ignorá-lo e focar no ruim.
- **Pratique a atenção plena.** Aprender como desacelerar seu cérebro ocupado e hiperativo e realmente deleitar-se em pensar sobre cinco a dez coisas que estão acontecendo atualmente pode ajudar você a ficar mais feliz e experimentar uma empatia mais profunda. Com a prática da repetição você pode treinar o seu cérebro para ficar mais consciente das coisas pelas quais ser grato(a).

- **Ajude os outros**. Uma consciência sobre onde outras pessoas precisam de ajuda, aliada a uma habilidade de ajudá-las, pode incrementar imediatamente o seu bem-estar, e intrinsecamente torna você mais capaz de sentir gratidão. Isso também serve como um bom lembrete para que se valorize aquilo que muitas vezes se supõe já ser garantido.

A gratidão parece como se devesse ser uma segunda natureza para nós, mas se trata na verdade de uma habilidade cuidadosamente cultivada. A chave é reservar algum tempo e praticar (eu faço isso pouco antes de me deitar, como um modo de recapitular o meu dia).

Tente pensar em algumas coisas pelas quais você tem gratidão e comece a praticá-la hoje.

Desafie pensamentos negativos

Muitas pessoas têm um diálogo contínuo com elas mesmas. A conversa interna positiva pode melhorar o seu humor e confiança e fortalecer sua produtividade. A conversa interna negativa pode fazer o oposto, e, quando aliada à autodesconfiança automaticamente causada pelo TDAH, pode ser desafiador reformular as coisas de um modo realista.

Em termos evolucionários, a conversa interna negativa faz parte da experiência humana. Somos programados com um viés de negatividade, o que significa que nossos cérebros nos dizem que somos mais propensos a experimentar estímulos negativos em lugar de positivos. Esse é o modo de nossa mente nos proteger de ameaças inerentes. Contudo, se não contrabalançada, a negatividade pode ser devoradora.

Desafiar os pensamentos negativos é uma conduta disciplinada capaz de reformular sua conversa interna negativa para criar uma guinada positiva em sua mentalidade. Aqui estão algumas dicas para desafiar o seu incansável crítico interno.

- **Fique ciente de sua conversa interna negativa.** Entenda qual é o pensamento, quando você o está tendo, e por que ele está acontecendo. Este pode ser o primeiro passo para interromper a espiral automática rumo ao negativo.
- **Conteste o pensamento.** Pense em evidências concretas que refutem o pensamento que você está tendo.
- **Priorize o esforço, mais do que o resultado.** Ao mudar a ênfase sobre o quanto arduamente você se esforça para fazer algo, você pode ser capaz de se afastar do catastrofismo acerca de sua competência ou habilidades.
- **Seja gentil com você.** Aceitar que você é imperfeito(a) e mesmo assim é digno(a) de autocompaixão é algo com que todos nós poderíamos nos beneficiar.

Permita-se tirar a máscara

O mascaramento do TDAH acontece quando alguém com TDAH se apresenta de um modo que faz parecer que não tem o transtorno. Isso ocorre com cerca de um terço das pessoas com TDAH, e em maior proporção nas mulheres. O mascaramento envolve métodos conscientes e inconscientes de camuflar sintomas ao mimetizar comportamentos de pessoas neurotípicas. As pessoas se mascaram porque isso as ajuda a se misturarem na sociedade mais facilmente e conseguirem driblar o estigma e o julgamento por seu diagnóstico.

Mascarar o TDAH é um modo de esconder sintomas mediante comportamentos aprendidos. Muitas pessoas com TDAH têm sido forçadas a mascarar partes de si mesmas que a sociedade condena como inaceitáveis. Isso pode ser sustentável por curtos períodos, mas, por fim, o peso da máscara se torna insuportável demais para carregar.

Esse mascarar pode trazer impactos negativos como um atraso no diagnóstico, ou fazer com que as pessoas não validem a sua experiência quando você lhes diz o que está enfrentando. Ao se esforçar tanto para se mascarar, você pode desenvolver maneiras alternativas de lidar que podem levar ao caminho da ansiedade, depressão ou abuso de substâncias. Talvez a consequência mais trágica do mascaramento seja a perda de si.

Pode ser difícil distinguir entre o que é você e o que é o enredo que você está representando para os outros.

Mas o que você pode fazer quando a máscara se torna o que você é? Se você consegue identificar quando o mascaramento está ocorrendo, pode começar a implementar novas maneiras de agir, sem ter de criar uma *persona* mais "aceitável".

Uma das primeiras coisas a fazer é entender quais de seus comportamentos do mascaramento são saudáveis (como encontrar um modo alternativo de se inquietar para ser menos óbvio, ou mimetizar as expressões faciais das outras pessoas em uma conversa) e quais comportamentos são prejudiciais (por exemplo, deixar que os outros falem, em uma conversa, e você nunca falar, por medo de que sua opinião possa diferir daquela que "deve" ter).

Em segundo lugar, processe suas emoções ao invés de evitá-las.

Um terapeuta habilidoso pode ajudar você a enfrentar essas águas emocionalmente carregadas. Às vezes, apenas se permitir sentir aquilo que se está sentindo, ao invés de se apressar em acobertar seu sentimento, é um passo vital.

Encontre e desfrute de um lugar seguro. Se você constatou que está se mascarando, construa um tempo no seu dia em que você possa ser seu genuíno eu. Às vezes, a disparidade entre o eu real e sua máscara acabará crescendo, e você ganhará o conforto de começar a se desmascarar em outras situações.

Você pode descobrir que, quando o tirar a máscara acontece, parece como se um peso lhe tivesse sido tirado, pois há uma certa liberdade em viver autenticamente.

Repare em sua experiência interior

Pessoas com TDAH frequentemente têm dificuldade em interpretar seu próprio ambiente interno. Elas podem processar dados emocionais inadequadamente, em especial quando estes estão associados a respostas fisiológicas robustas (batimento cardíaco acelerado, rubor facial, tensão muscular). Para pessoas neurotípicas, esta é uma atuação ajustada que fornece dados ao cérebro para guiar o comportamento. Em cérebros neurodivergentes isso pode ser um processo desconcertado e errático que deixa a pessoa tentando interpretar os sintomas físicos sem entender o gatilho subjacente ao estímulo emocional.

Por outro lado (e talvez de modo mais irritante), pessoas com TDAH lidam com a dificuldade em nomear a emoção, porque tudo que nós sentimos é um senso de urgência. Isso torna difícil perceber o curso adequado da ação, pois podemos não saber se estamos satisfeitos(as) ou entediados(as), frustrados(as) ou decepcionados(as), furiosos(as) ou constrangidos(as). A emoção implica interpretar sinais fisiológicos (batimento cardíaco acelerado, por exemplo). Contudo, somos suscetíveis a distorções inerentes que nos levam a ler de modo errado sinais ambíguos como se fossem perigosos.

Informação emocional mal-interpretada é uma parte difícil e desgastante da experiência do TDAH.

Mediante uma consciência ampliada e habilidades em lidar com ele (e ajuda profissional, se disponível), é possível entender melhor nosso ambiente mental. Trabalhar nesse conjunto de habilidades leva a uma maior resiliência emocional e melhor comunicação, e isso pode melhorar significativamente a sua qualidade de vida.

Aprender como seu cérebro opera ajuda você a dirigir sua vida rumo ao máximo sucesso.

Ao longo desse processo, permaneça consciente de que você sempre foi, e sempre será, muito mais do que as áreas em que você luta.

Não fique pensando no tempo perdido

Uma das coisas mais difíceis sobre ser diagnosticado(a) mais tarde na vida é a sensação de que *perdemos* tempo. O TDAH é comumente "ignorado" ou maldiagnosticado porque é difícil diagnosticar adultos inteligentes que desenvolveram habilidades que mascaram seus déficits.

Pode ser difícil conceptualizar a ideia de perder um diagnóstico quando internamente a luta parece tão patente. Contudo, talvez não seja apenas um erro de diagnóstico. Talvez parte do atraso seja porque lhe disseram a vida toda que você não estava correspondendo às expectativas, e agora há alguma apreensão sobre procurar tratamento que valide que o seu cérebro está "avariado".

Talvez o déficit se torne tão prejudicial que você finalmente dá o primeiro passo.

Você trabalha duro para advogar para si mesmo, após anos sem conseguir ser ouvido. Você é diagnosticado(a), consegue tratamento, e as coisas finalmente parecem ficar como deveriam.

E *agora* a tristeza se instala.

Por que eu não fiz isso antes? Perdi tanto tempo antes do tratamento! Imagine como a vida poderia ter sido.

Não deixe a tristeza por ontem fazer você desperdiçar a oportunidade de hoje.

Lamentar a perda de tempo pode ser adequado, mas com frequência é uma barreira para celebrarmos a oportunidade de encarar o mundo de um jeito novo. É inteiramente possível que, no período antes de administrar adequadamente seu TDAH, você estivesse construindo habilidades que pode agora utilizar plenamente.

Não foi tempo perdido; foi apenas um tempo diferente.

Escreva um diário

Escrever um diário era algo que eu realmente gostava de fazer, mas tinha muita dificuldade em manter. Eu ficava frustrada comigo mesma ao começar e desistir tantas vezes, especialmente quando sentia, quase que imediatamente, que todas as vezes era benéfico.

Então, por que escrever coisas em um diário é uma prática tão útil para quem tem TDAH?

- **Ajuda você a desacelerar.** Fazer um diário ajuda você a desacelerar o bastante para clarear e organizar o seu cérebro. O cérebro com TDAH funciona circularmente quando superestimulado. Ele simplesmente fica girando sem controle e muito raramente chega a uma solução. Quando você anota os seus pensamentos, medos e preocupações, pode processá-los de uma maneira mais tranquila. Ao reler minhas notas, eu quase sempre chegava a uma conclusão sobre aquilo que escrevi (eu também escrevo quando estou chateada com alguém, e assim posso organizar meus pensamentos, portanto, se preocupe, se receber uma carta escrita por mim).

- **Ajuda você a reconhecer padrões.** O outro benefício é que fazer um diário permite que você reconheça os seus padrões, especialmente no contexto de registros sequenciais. Isso é quase como testemunhar sua vida de uma perspectiva externa, pois você tem o benefício de observar o que você escreveu como importante, ao passo que pode esquecer aqueles detalhes conforme o tempo passa, o que torna difícil identificar um padrão.
- **Ajuda você a processar emoções mais efetivamente.** Devido à desregulação emocional que acontece com o TDAH, é comum ter certa distorção cognitiva sobre as suas experiências. Fazer um diário é útil porque você pode se tornar alguém quase imparcial em relação ao que está acontecendo, escrevendo fatos e então processando-os adequadamente.

Esteja atento(a), ao começar seu diário, para tratar-se com compaixão.

Ninguém quer reler uma longa lista de seus fracassos. Essa é uma ferramenta para encorajar, inspirar e ajudar você a lidar saudavelmente com seu fluxo contínuo de pensamentos ativos. Está "tudo bem" escrever sobre coisas que não foram ótimas, mas este não é um meio para afundar você ainda mais em conversas internas negativas.

A quem isso ajuda?

A propósito, se você olha para um diário em branco e congela, porque exige um esforço quase excessivo colocar palavras num hospedeiro tão branco e imaculado como esse, encontre outro jeito que funcione.

Não precisa ser caneta e papel. Dê duro em seu *laptop*. Faça gravação de voz digital. Grave um *vlog* pessoal ou crie um canal de mídia social (não um canal público; faça isso só para você!). Há milhares de modos de se beneficiar desse exercício.

Não se prenda à expressão "escreva um diário"... não precisa realmente ser em um diário.

Ouça música

Posso lhe dizer desde já, eu nunca consegui dominar um instrumento (na quarta série, fiquei com uma palheta de clarinete presa no meu lábio e nunca mais me aventurei), mas amo música. Ouvir música tem sido restaurador, curador e estabilizador para mim.

Mas por que a música é tão útil para cérebros com TDAH?

Considera-se que o ritmo e o tempo da música modulam alguns sintomas de desatenção. Aprender a tocar um instrumento também pode ajudar a desenvolver habilidades necessárias para a regulação da atenção, o controle dos impulsos e para aprimorar a tomada de decisões. Também pode fortalecer sua habilidade de trabalhar em um ambiente barulhento, o que é útil para lidar com distrações.

Para algumas pessoas, ouvir música durante atividades voltadas ao cumprimento de tarefas funciona bem porque mantém a pessoa ativada, focada e menos suscetível a distrações. Brinque com, e explore, diferentes gêneros, pois diferentes tipos de música podem suscitar diferentes respostas emocionais.

Uma música animada e cativante pode estimular o cérebro e aumentar os níveis de dopamina. Uma balada lenta ou interlúdio instrumental pode acalmar e suavizá-lo, tirando você de um estado exaltado.

Outro modo pelo qual a música pode ser uma ferramenta maravilhosa em seu arsenal de autocuidado é para administrar a cegueira temporal.

Muitas vezes é mais fácil e agradável construir percepção temporal avaliando a progressão por meio de uma música ao invés de um relógio convencional e pouco estimulante.

Limpeza, afazeres domésticos e outras tarefas relativamente não reflexivas podem ser mais envolventes e estimulantes se você tiver a companhia de uma trilha sonora.

Reformule suas visões sobre o fracasso

Não existe algo na vida que eu tema mais do que o fracasso.

Desde jovem, me disseram repetidamente que eu precisava evitar o fracasso a todo custo, embora eu constantemente sentisse o peso do TDAH lentamente me puxando para "baixo d'água".

Eu sentia cada fracasso como uma evidência da minha incompetência e prova das minhas incapacidades, e cada um ficou inscrito em meu sistema nervoso para revivê-los a qualquer momento.

Mas talvez eu estivesse errada. Pode ser que eu precise apenas reformular esse conceito no meu cérebro. Mas como? Como pegar essa crença, que parece tão intrínseca ao meu ser, e simplesmente "pensar" nela de outro modo?

- **Deixe que esse medo o(a) motive.** O medo do fracasso pode manter você avançando. Pode manter essa mente criativa, engajada e ativa pensando "fora da caixa" e fazendo conquistas nas mais improváveis das circunstâncias.

- **Não deixe que ele o(a) paralise.** O seu cérebro naturalmente rejeita a ambivalência. Ele não quer ser constantemente preso em padrões "e se" impulsionados pelo medo. O medo do fracasso é natural, mas não deixe que ele o(a) impeça de dar aqueles passos iniciais.
- **Aprenda com os seus fracassos.** O que você fez errado? Mais importante, o que você fez certo? Na próxima vez, você estará em melhores condições para lidar com a situação de outra forma.

Exprima-se pela poesia

A poesia exerce um papel muito terapêutico, porque com ela você pode processar uma densa nuvem emocional e usá-la para criar algo que exprima esse tumulto por meio de palavras. Ela pode estimular a expressão emocional, de modo que você possa entender melhor os seus sentimentos.

Através dessa expressão você está utilizando partes do seu cérebro que ajudam a massagear essa emoção, tornando-a algo mais flexível e maleável.

A poesia tem sido um alívio quase espiritual para mim.

Ela me ajudou a atravessar um profundo desespero (e uma cura mais profunda), relacionamentos rompidos e realizações confusas. Ajudou-me até mesmo a processar e compreender meu TDAH em uma época em que eu estava com medo excessivo de examinar meu ambiente interno. Ao invés de continuar falando dos benefícios, vou compartilhar este poema com vocês:

História de amor para o cérebro com TDAH
(em tradução livre)
Esta é uma história de amor para o caos da mente,
Uma ode àqueles que lutam e trabalham,
Uma explicação a viajantes que se cansaram
De se arrastar pela neblina tão densa e tão sombria.
Para aqueles que se sentem atolados em um emaranhado confuso,
Forçados a escolher entre ordem e felicidade
Tolamente rotulados como preguiçosos ou desatentos.
Segundo os padrões de casas impecáveis.
Os pensamentos escapam como água pelos dedos,
Culpa e vergonha surgem e a autodesconfiança permanece
Reinventando o processo com esperança de mudança,
Falhando mais uma vez, o alvo nunca está ao alcance.
Para aqueles que se sentem destinados a vagar sem rumo,
Por correntes conturbadas que ampliam a brecha
Entre o que eles são e o que poderiam ser.
Um contraste tão evidente que todos, agora, podem ver.
Desmoronando só de pensar em uma tarefa tediosa,
Petrificados com o medo de tirar a máscara
E permitir que as pessoas testemunhem o estado de seu ser,
Antecipando a rejeição quando as pessoas começam a ver.
Vestindo uma capa para esconder o que está dentro.
Sonhos de autenticidade rolam com a maré.
Um brilhante impostor, uma fraude sofisticada,
Forçado a fingir, o verdadeiro eu começa a decair.
E às vezes, nesses tempos mais sombrios,
Apoiamo-nos em histórias, sonhos e rimas.
Para nos darmos esperança, para nos sentirmos compreendidos e ouvidos.
Para validarmos a emoção por meio da palavra escrita.
Para as pessoas que continuam a avançar contra a corrente,
E que se sacrificam para realizar o sonho,
A mente não é estática: ela muda e evolui.
Alimentada pelo bem em torno do qual ela gira.

Continue a se mover com destemor rumo a tudo o que parece impossível.
Tenha coragem em seus movimentos, pensamentos, falas.
Respire confiança com tudo pelo qual você passou.
A mente é única.
Ninguém pode fazer aquilo que você pode.

Abandone a retórica do "superpoder"

"O TDAH é o meu superpoder" é realmente algo que eu nunca vou querer ouvir de novo.

Entendo a motivação por trás da reformulação das coisas a uma luz positiva. E, se você acredita realmente nisso, eu o(a) aplaudo. Honestamente. E inclusive fico ligeiramente enciumada por você se sentir assim com relação ao seu cérebro.

Se me dessem a chance de querer ter o TDAH ou não, dez entre dez vezes eu escolheria a segunda opção. De fato, aprecio alguns aspectos positivos do TDAH, mas eu sonho com a simplicidade de uma vida na qual meu cérebro não se movesse a dez mil milhas por hora o tempo todo.

Quando as pessoas tentam reformular isso como um superpoder, eu vejo nisso uma positividade tóxica.

Isso me parece minimizar as lutas das pessoas que simplesmente não conseguem reformular as coisas devido à gravidade dos seus sintomas. Isso me parece indicar que as lutas vão simplesmente desaparecer se você voluntariamente pensar nelas de um modo mais positivo.

Creio que precisamos ser mais realistas a esse respeito.

Em alguns dias, o meu cérebro é completamente incrível, mas em alguns dias é um lixo total.

Ao invés de me dizer que todos os dias deveriam ser incríveis porque eu tenho esse "superpoder", encaro a situação com uma observação emocionalmente neutra: "É assim que meu cérebro é programado. Não é nem bom nem mau; é simplesmente o que é. Não preciso que ele funcione perfeitamente o tempo todo, sou grata por ser capaz de fazer o que estou fazendo hoje".

Navegue pela ansiedade

Muitas vezes as pessoas têm medo de encarar o TDAH devido à ansiedade subjacente. E eu entendo; é assustador.

Mas às vezes as pessoas têm ansiedade devido ao seu TDAH.

Sei por mim, se torna quase que um pânico quando fico sobrecarregada pelas coisas a fazer, ou superestimulada por lugares caóticos, ou quando estou atrasada. Isso é parte do motivo de ser tão importante obter um diagnóstico adequado e abrangente (se for acessível), pois o TDAH pode ser muito nuançado e sutil e pode se parecer com muitas coisas diferentes.

A comorbidade (presença de mais de um problema médico existindo simultaneamente) entre TDAH e ansiedade está bem documentada, mas é difícil identificar se esses dois problemas são realmente distintos ou se um está mascarando o outro.

Umas das primeiras questões ao avaliar a ansiedade e o TDAH é: sua ansiedade é causada por sua incapacidade de focar, ou sua incapacidade de focar é causada por sua ansiedade?

Isso oferece maior clareza sobre de onde a ansiedade está vindo, mas a triste verdade é que muitas pessoas com TDAH têm de lidar com a ansiedade. Há ocasiões em que meu TDAH me lança em um frenesi absoluto. Quando isso acontece, fica quase impossível organizar meus pensamentos o suficiente para decidir aquilo sobre o que eu verdadeiramente preciso estar ansiosa, e assim eu fico ansiosa a respeito de tudo.

Atividades de autocuidado como beber água o bastante, reduzir a cafeína e buscar medicação (se for adequado) podem ajudar.

Celebre suas pequenas vitórias

Falemos sobre metas.

Metas são o que usamos para nos impulsionar adiante e para dar um significado maior às nossas vidas.

Para as pessoas com TDAH as metas podem parecer inatingíveis, simplesmente porque perdemos a energia ao tentar alcançá-las. Por que isso acontece? Por que, mesmo quando é algo que queremos desesperadamente, nós nos dizemos que é um desafio grande demais?

Somos moldados para ver o lado negativo. Queremos nos fixar nos problemas e erros e usá-los como parâmetros do nosso progresso. Com frequência, uma coisa ruim pode sufocar dez coisas positivas de igual medida. O mais problemático nesse *mindset* é que isso pode alimentar você com uma narrativa que resulta em desistir dos seus sonhos.

Pessoas altamente bem-sucedidas não necessariamente falham menos. Elas apenas têm um *mindset* mais saudável com relação ao fracasso e às suas metas.

Você sabia que Thomas Edison precisou de dez mil tentativas para criar a lâmpada? Quando perguntado sobre seus "fracassos" antes do seu sucesso final, ele disse: "Eu não fracassei, eu apenas descobri dez mil maneiras que não funcionam".

Ao reformular os aspectos negativos, ele foi capaz de juntar dados e criar o sucesso, porque sua *mindset*, a mentalidade, foi purificada pelo que ele poderia realizar, não pelas formas pelas quais ele tinha falhado.

Uma parte essencial dessa guinada intrínseca na mentalidade é celebrar as suas pequenas vitórias. Há numerosos passos incrementais que levam você a suas maiores vitórias.

O cérebro com TDAH funciona à base de gratificações imediatas.

Então, quando você tenta visualizar metas que estão muito distantes, fica difícil avaliar o que você precisa para cruzar a linha de chegada. Com frequência, o simples pensamento de que potencialmente não irá experimentar a grande recompensa no futuro imediato é suficiente para fechar a torneira da motivação.

Celebrar as pequenas conquistas ilumina o cérebro e dispara aquela dopamina que sinaliza para o resto do cérebro que você deve continuar!

É por meio desse persistente padrão gradual que você pode chegar à sua próxima grande realização.

A qualquer momento, sua jornada pelo TDAH pode ser invalidada por pessoas que negam que o TDAH é legítimo, ou que acham que é um diagnóstico exagerado, ou que acham que as medicações dão uma vantagem injusta.

Meu desejo para essas pessoas é que um dia percebam que enorme realização é administrar um cérebro tão impressionantemente ocupado.

Meu desejo para você é que aprenda a celebrar suas pequenas vitórias.

Veja o quão longe você chegou.

Mergulhe e divirta-se em realizar aquilo que outras pessoas tinham julgado ser impossível para você.

Faça um *vision board*

Você não precisa pegar revistas, cartolina e purpurina para fazer esse tipo de mural, mas pode se beneficiar de uma expressão criativa ao exibir visualmente suas metas. O pensamento por trás do plano de criar essas imagens é ter suas metas expostas, na sua frente, de modo que você mantenha o foco naquilo que está buscando.

Fazer um *vision board* pode parecer uma prática infantil. Você pode fingir interesse e agir de modo automático conforme executa os movimentos de recortar e colar. Mas o mais importante não é o produto final obtido.

Este deve ser um processo de atenção plena em que você vai avaliar o que é realmente importante para você.

O cérebro com TDAH é lindamente tortuoso. Pessoas cujo cérebro funciona de modo mais linear e organizado podem não entender as associações mentais labirínticas que nos levam do pensamento A ao pensamento B. Isso é parte do motivo pelo qual um *vision board* pode ser tão divertido. Ele deflagra diversas conexões neurais, e é um modo criativo de organizar suas metas e sonhos.

Isso é um pouco diferente de "manifestar o que você quer". Só porque você coloca imagens juntas não significa que o universo irá se alinhar para lhe dar essas coisas.

Você pode ter pensamentos e sonhos, mas depende de você colocá-los em ação.

Como disse o Gato de Cheshire (da *Alice no País das Maravilhas*): "Se você não sabe para onde está indo, qualquer caminho serve". Não deixe esse gato bizarro estar certo.

Visualize e ponha em prática seus planos.

Aprenda a se perdoar

O perdão não é algo que me ocorre facilmente.

Tenho um ego frágil, reforçado por um orgulho excessivo, e, além disso, lido extremamente mal com a rejeição. Contudo, por mais relutante que eu possa ser em oferecer perdão a quem quer que seja, é ainda menos provável que eu o conceda a mim mesma.

Acho que isso decorre do fato de que eu só queria que meu cérebro fosse "normal".

Eu lutei com o reconhecimento *daquilo* que meu cérebro deveria ser e da inevitável decepção quando ele não coopera.

Reconciliei-me e aprendi a aceitar e administrar adequadamente os meus sintomas, mas me custou muito tempo não cair em um ciclo de vergonha quando confrontei-me com o fracasso. Lembro a mim mesma de que meu lobo frontal (responsável pela tomada de decisões, correções de rumo e aprendizado com os erros) está programado de um jeito diferente.

Repito para mim mesma que meu TDAH não é quem eu sou, mas apenas um aspecto do funcionamento do meu cérebro.

Adoto rotinas de autocuidado, estruturas organizacionais e um programa rigoroso de dieta e exercícios, mas às vezes as coisas ainda não dão certo.

E é por isso que a autocompaixão talvez seja o aspecto mais importante que você deveria extrair deste livro. Essa é a melhor ferramenta contra aquela corrente subversiva de vergonha que ameaça os seus próprios fundamentos. Reconheça a sua verdade: você está fazendo o seu melhor e merece receber cuidados e estímulo.

Aprender a perdoar a si mesmo(a) provavelmente será o que vai ajudar você a alcançar suas metas apesar dos retrocessos.

Reflita sobre o TDAH infantil

Estima-se que só 10% dos adultos superam seu TDAH infantil.

Se você recebeu seu diagnóstico quando adulto(a), ou suspeita, quando adulto(a), que tem TDAH, provavelmente pode olhar para sua infância e identificar certos elementos ou memórias de quando você se sentia diferente de seus colegas; de quando era mais difícil para você completar certas tarefas, focar-se de modo como os outros faziam, ou regular seus níveis de energia. E talvez o seu TDAH tenha trazido problemas para você, por impedir que centrasse a atenção ou criando distrações em momentos inadequados, o que o(a) distanciou ainda mais de seus colegas.

Fui diagnosticada com TDAH na quarta série escolar, depois de criar uma confusão na minha sala de aula. Fiz com que as outras crianças subissem em suas mesas e cantassem para nosso pobre e desavisado educador. Esse é um exemplo das (infelizmente) muitas vezes em que meu eu mais jovem foi "problemático", "disruptivo" ou (o que me marcou para sempre) "consistentemente inconsistente".

Talvez você também tenha recebido esses rótulos na sua infância. O que essas várias queixas não capturavam era o fato de que você estava lutando com um transtorno de atenção, e que você era uma criança esperta, criativa e indisciplinada que se aborrecia facilmente e buscava maneiras de se divertir, assim como eu.

Quando criança, você provavelmente não entendia por que era diferente, por que as coisas tinham de ser mais difíceis para você, quando parecia que todo mundo podia sobreviver mais facilmente. Você pode não ter entendido a diferença entre você e as crianças neurotípicas e se culpado por essas "deficiências". E os outros, inclusive os adultos, provavelmente tratavam você com falta de compaixão devido à falta de entendimento deles.

Relembrar esse sentimento de ostracismo pode ser difícil e/ou um gatilho para você como adulto(a), mas o(a) encorajo a relembrar essas experiências em que você não recebeu compaixão por seu TDAH ou que não teve compaixão para consigo mesmo(a), e em que você, ou os outros, o(a) prendiam em um padrão neurotípico injusto.

Imagine-se falando com seu eu mais jovem durante aqueles momentos difíceis e se dizendo que está OK, "tudo bem", não ser neurotípico e, mais importante, está OK ser uma criança com TDAH.

Foram esses momentos que o(a) conduziram até onde você está hoje.

Sabendo o que você sabe agora sobre seu TDAH, o que você diria para se consolar naquele momento?

O que você diria para se consolar agora?

Reconheça os seus gatilhos

As pessoas com TDAH têm um sistema nervoso muito ativo e ocupado.

Isso significa que comentários ou estímulos aparentemente favoráveis incitam uma resposta biológica maciça que pode ser difícil de controlar. Isso é parte dos motivos pelos quais é muito importante reconhecer os seus gatilhos, de modo a que você possa aprender como evitar ou lidar melhor com situações nas quais a regulação emocional pode ser um problema.

Primeiro, é importante entender o conceito de um gatilho.

Um gatilho emocional é qualquer coisa que desencadeie uma reação emocional intensa, independentemente de seu humor no momento. Às vezes, devido a deficiências na memória de trabalho (um componente da memória que armazena temporariamente as informações), uma emoção fugaz pode inundar o cérebro com uma emoção poderosa, tornando você incapaz de processar logicamente sua situação.

Atualmente, a desregulação emocional não é sequer incluída nos critérios de diagnóstico do TDAH. Muitos médicos não são treinados para observar essas nuanças, o que é parte do motivo de o TDAH ser com frequência maldiagnosticado como um transtorno de humor. Muitas vezes, as pessoas são deixadas à própria sorte enquanto ardem de frustração, raiva e labilidade emocional.

Ser capaz de avaliar seus gatilhos é importante, porque isso varia de pessoa para pessoa.

Comece a investigar o que lhe causa "enchentes" emocionais e mantenha um registro acessível, em seu telefone ou em um diário. Em algum momento você poderá começar a notar padrões com relação a situações, ambientes ou pessoas específicas.

Rastreie os gatilhos: comportamento impulsivo, frustração ou impaciência, sentimentos de rejeição ou desaprovação e ansiedade.

Entendendo seus próprios gatilhos emocionais você estará mais bem equipado(a) para se antecipar a essas situações.

Reflita sobre qualidades e forças positivas

Espera-se, de cérebros neurodivergentes, que performem "normalmente" em um mundo neurotípico, mas tentar enfiar um pino quadrado em um buraco redondo pode ser infinitamente frustrante.

Isso também dilui algumas das coisas incrivelmente positivas que vêm junto com o TDAH. Algumas dessas forças que merecem ser celebradas são:

- **Criatividade.** Ser abençoado(a) com essa capacidade de ver as coisas de uma perspectiva diferente pode fazer você melhor em resolver problemas e em inovação. Pessoas com TDAH são geralmente imaginativas, artísticas e originais.
- **Alta energia.** Essa fonte aparentemente infinita de energia pode ser um enorme *plus* quando se trata de ter vigor para longos projetos (especialmente aqueles em que você tem interesse!).

- **Resiliência.** Apesar do constante obstáculo de "áreas a serem melhoradas" e repetidas decepções, as pessoas conseguem persistir. Podemos superar obstáculos, mudar e nos adaptar rapidamente e aprender com as experiências que acabam nos levando a sucessos.
- **Possuir hiperfoco.** Pessoas com TDAH têm aqueles lampejos brilhantes que nos permitem focar tão intensamente em uma tarefa que o resto do mundo desaparece. A vantagem disso é ser capaz de canalizar a sua atenção e energia em seu trabalho, quando muitas outras pessoas tiveram de parar (Eu estou escrevendo este capítulo, como muitos outros, em uma explosão de hiperfoco).

Há algo verdadeiramente excepcional que você atribui ao seu TDAH?

Seja proativo com relação a episódios depressivos

O que é catastrófico sobre o TDAH é que ele espertamente mimetiza outros transtornos de humor.

Então, para confundir as coisas ainda mais, a depressão pode piorar a atenção, e o TDAH pode impactar a depressão, e assim fica ainda mais complicado entender a patologia dessa condição.

Quando você está tentando superar a lama cognitiva da depressão é difícil acreditar que algum dia conseguirá sair de lá. Você se sente emocional e mentalmente atolado nesse lugar baixo, e é difícil entender os passos necessários para se libertar. A última coisa da qual você se sente capaz é de fazer grandes mudanças de sua vida. Daí por que é tão importante tentar se antecipar a esses episódios.

O primeiro passo é reconhecer quando a depressão começa a se infiltrar.

A depressão começa a se manifestar fisicamente. Ela pode diminuir a sua energia, fazendo você se sentir esgotado(a). Pode causar confusão mental, o que torna ainda mais difícil processar ou guardar coisas na memória. Pode alterar o ciclo do seu sono, de modo que você passa a dormir o tempo todo ou quase nunca dorme. Pode alterar o seu apetite, e você pode oscilar entre esquecer de comer ou desenvolver uma compulsão emocional.

Notar cedo os sintomas e pistas do corpo pode ajudar você a impedir que esse momento transitório de depressão se torne um episódio de grande impacto.

Reconhecer os sintomas pode ser uma coisa, porém, reconhecer o que fazer é um desafio completamente diferente. Pode ser difícil ter de enfrentar sozinho(a) esses mares turbulentos. E pode ser difícil pensar com clareza e elaborar e executar um plano para superar esses sentimentos.

Em um golpe particularmente cruel do destino, é também crescente a dificuldade em pedir ajuda, porque você se sente com culpa e vergonha por se sentir desse modo ou porque você está simplesmente cansado(a) demais para gastar energia emocional e explicar o que está acontecendo.

Isso causa retraimento e isolamento e torna as coisas exponencialmente piores.

Pedir ajuda e vocalizar esse fardo silencioso não é um sinal de fraqueza.

Isso pode, ne verdade, colocar você em uma condição de maior autonomia em termos de administrar seus sintomas, pois você permanece ativamente em conexão com outras pessoas e participa de atividades sociais.

Também é útil ter em mente aquilo de que você gostava. Em depressão existe um fenômeno chamado de *anedonia*, que é a incapacidade de se sentir prazer em atividades prazerosas. Quando se está em meio a esse estado, pode ser difícil pensar em coisas que poderiam fazer você relaxar e se energizar, porque nada está iluminando este circuito neural.

Confie, porém, em fazer as coisas de que você costumava gostar.

Mesmo que a depressão não desapareça imediatamente, essa é uma das melhores chances que você tem de desencadear aquela cascata de alegria.

E, para completar, se você está trabalhando na sua mudança comportamental e no seu autocuidado, mas ainda assim sente que sua depressão está piorando, você deve procurar cuidado profissional.

A depressão é uma condição neuropsiquiátrica que é *tratável*, portanto, se você tem essas preocupações, vá ver seu médico.

Envolva-se em uma luta por justiça social

Às vezes, o melhor jeito de crescer interiormente é focar exteriormente.

Nesta era de movimentos politizados e campanhas de desinformação, faz-se muito barulho sobre as coisas erradas. As pessoas podem se beneficiar tremendamente ao saber que advogaram por uma causa pela qual são apaixonadas. Esse é um modo extremamente útil de canalizar as estranhas habilidades do TDAH.

Ao focar em um propósito maior do que você, algumas coisas acontecem.

Você estimula o seu cérebro e dispara o gatilho de uma onda de dopamina, que continua impulsionando você para frente. Isso pode levar a um maior entusiasmo e fervor e ajuda a empurrar você a fazer algum progresso real para a mudança. Também encontramos um modo de harmonizar as questões internas em nós mesmos, de modo a abrir espaço para lidar com as situações externas que ocorrem ao nosso redor.

As coisas mais importantes para se ter em mente, antes de mergulhar em uma causa, são educar-se sobre o assunto e conhecer os seus próprios limites.

Uma das coisas mais frustrantes acerca de questões sociais altamente controversas é o dilúvio absoluto de informação a serem examinadas. Obter informações de fontes seguras ajudará a alimentar a sua paixão de modo responsável.

Mas, quando um surto de estímulo acontece por você perseguir algo pelo qual tem paixão, às vezes pode ser difícil saber quando parar.

É importante reconhecer os seus próprios limites e perceber quando você está chegando ao seu limiar emocional, de modo a que você possa evitar a sobrecarga.

Não viva em negação

O que você tem experimentado tem um nome: "transtorno do déficit de atenção com hiperatividade". Reconcilie-se com esse diagnóstico porque, uma vez que você o identifica, entende e o explora, você pode *administrá-lo.*

Viver em negação só vai ferir você.

Muitos adultos que têm TDAH não sabem que o têm. Eles simplesmente vêm sobrevivendo, pensando que aquilo que estão experimentando é normal ou não suficientemente problemático para ser abordado. Eles podem vir lutando silenciosamente com a escola, com o trabalho e com os relacionamentos, na maior parte de suas vidas.

E quanto àqueles que começaram a suspeitar do TDAH?

Talvez tenham visto algo na mídia ou redes sociais que ressoou neles, ou viram sintomas semelhantes em seus filhos, ou simplesmente se cansaram do esforço enorme para manter uma funcionalidade básica?

Mas, e o que acontece quando se abrem para os amigos, a família ou até mesmo para seu médico, e suas preocupações não são validadas?

A jornada acaba ali?

Não. Você é seu melhor advogado e o melhor juiz de seu ambiente interior.

Quando as pessoas falam sobre como o TDAH não é grande coisa (ou outras trivialidades que o invalida), sinto isso visceralmente. Penso sobre o quanto me custou e ainda custa continuar a administrá-lo. Mas isso pode ser feito.

E aceitar que você pode tê-lo é o primeiro passo. Nunca é tarde demais para buscar um diagnóstico e tratamento para o TDAH.

Um tratamento efetivo pode tornar a vida mais fácil, não só para você, mas também para a sua família.

Controle a sua raiva

A raiva é uma emoção extremamente volátil e instável para se tentar administrar, especialmente se você já luta com a regulação emocional.

Já lhe pareceu sentir as coisas com uma intensidade maior do que as pessoas ao seu redor? Ou que você é sensível demais? Ou que você está reagindo exageradamente?

As pessoas com TDAH são mais propensas a flutuações emocionais.

Isso pode se dever a um fraco controle dos impulsos (mostrando um julgamento precário no modo como expressam sua raiva ou uma maior dificuldade para diminuir a escalada quando estão com raiva), a uma frustração intensificada devido a problemas com a função executiva (a função executiva se refere aos processos mentais que nos capacitam a planejar, iniciar e sustentar o foco e conciliar com sucesso múltiplas tarefas orientadas para metas), a sentir-se sobrecarregado(a), com dificuldades de atenção (ficando facilmente distraído(a) por algo que o(a) deixa com raiva), ou a dificuldades em se desvencilhar de conflitos devido a sinais sociais deficientes.

Com frequência não reconhecemos que estamos nos enraivecendo até sentirmos as sensações físicas desconfortáveis dessa onda de raiva: o rubor facial, a sensação de que nosso corpo todo está superaquecendo, a súbita tensão muscular e o tremor.

Assim, como reconhecer e administrar a raiva em tempo hábil e de maneira eficaz?

- **Entenda os seus gatilhos.** Para administrar de modo adequado a emoção você precisa conhecer as situações que o(a) deixam com raiva. A raiva é uma emoção natural e válida, e é normal se sentir com raiva em resposta a injustiças, maus-tratos e frustração. Identificar seus gatilhos de raiva em situações inevitáveis, preparar-se antecipadamente, respirar fundo e relaxar os músculos no momento pode ajudar.
- **Retire-se da situação.** Se você se sente escalando, saia. Parta antes que reaja impulsivamente ou diga ou faça algo irremediável. Para muitas pessoas com TDAH, o comportamento impulsivo causado pela raiva pode ser até mesmo mais destrutivo e levar a uma espiral descendente. Mesmo se uma pessoa não consegue controlar as emoções, ela pode controlar suas reações. Uma boa regra é se comprometer com retardar a reação até sentir-se calmo(a).

- **Separe-se da emoção.** A sua raiva é um sinal emocional dizendo ao seu cérebro que algo não está bem. Aprender a observar os fatos objetivos ao invés de se fixar na fúria emergente ajuda você a articular mais adequadamente e resolver o problema de forma mais rápida e eficiente.
- **Estabeleça boas fronteiras.** As pessoas com TDAH geralmente têm problemas para estabelecer e manter limites pessoais. Cruzar essas fronteiras pode ser aquilo que desencadeie essa cascata de raiva, embora seu(sua) amigo(a) ou parceiro(a) possa não ter a menor noção dessa transgressão se você nunca disse a eles, ou elas, que aquela era uma fronteira firme. Aprender como impor limites, ao invés de responder emocionalmente quando estes tiverem sido violados, é crucial.

Reconheça a desregulação emocional

As pessoas com TDAH tendem a experimentar as emoções intensamente, mas têm dificuldades para regular e responder adequadamente. A consciência acerca dessa disfunção da autorregulação pode contornar muitos prejuízos.

Eis algumas áreas-chave em que a desregulação emocional pode estar presente:

- **Impulsividade emocional.** Devido a uma incapacidade de inibir pensamentos, falas e comportamentos inadequados, você terá de lidar com impaciência, raiva e frustração, respostas emocionais inadequadas e excitabilidade aumentada.
- **Incapacidade de se acalmar.** Há um colapso na desescalada depois de uma emoção vigorosa que o(a) deixa suspen-

so(a) nesse modo de alerta máximo, até você exaurir seus recursos mentais, ou até outra coisa distrair você.

- **Incapacidade de reorientar a atenção.** É fácil ruminar ou relembrar detalhes sobre coisas que são emocionalmente provocativas, o que torna mais difícil processar logicamente ou conceitualizar os próximos passos.
- **Dificuldade de implementar respostas sadias.** Às vezes simplesmente é inviável coordenar um plano de ação quando você está em um estado emocional exaltado. Você poderia correr o risco de substituir escolhas mais sadias, que estão mais alinhadas com seus planos futuros, por coisas que provisoriamente satisfazem metas de curto prazo.

É importante estar ciente desse fenômeno neurológico, pois ele fornece uma base de autocompaixão se, e quando, suas emoções tomarem o melhor de você.

2

Autocuidado físico

Autocuidado físico é aquilo em que provavelmente você pensa ao ouvir o termo geral "autocuidado". Todos conhecemos os princípios fundamentais de se ter uma alimentação sadia, exercitar-se regularmente e ter um sono profundo, mas o que você pode não saber é como isso impacta em particular o cérebro com TDAH. Você pode não visualizar plenamente a importância de cuidar de sua saúde global como um meio de administrar os seus sintomas.

Cuidar do seu corpo pode não estar no topo de suas listas de prioridades por muitas razões. Você pode achar que não tem tempo para fazer mudanças ou que poderia ficar sobrecarregado(a) por tudo o que precisaria fazer para se tornar "saudável". Você pode se apoiar em sua predisposição à gratificação instantânea e desistir de construir hábitos porque não está vendo melhoria imediata. Você pode até mesmo achar que cuidar de si é autoindulgente demais e que não merece esse luxo.

Cuidar de si não é um luxo. É um meio de sobrevivência. Neste capítulo você encontrará atividades que o(a) ajudarão a encontrar sua própria forma de autocuidado físico. Algumas delas incluem encontrar um exercício de que você goste e possa manter, a importância da hidratação, de incorporar uma boa higiene do sono e como modular sua ingestão de cafeína. Estar atento(a) e fazer mudanças pequenas e graduais na saúde física pode ajudar você a otimizar seu funcionamento global.

Hidrate-se

A água é vital para quase todo processo biológico no corpo. É crucial no fornecimento de nutrientes ao cérebro, para que ele tenha energia para seguir adiante. Quando você começa a se desidratar, seu volume sanguíneo cai, o que faz cair sua pressão arterial. Seu corpo tenta compensar a falta de água aumentando a frequência cardíaca e alterando a função renal para reter mais água. Manter o simples funcionamento do corpo exige muito trabalho.

Garantir uma hidratação adequada previne a inevitável confusão mental, as oscilações de humor e disfunções executivas que acompanham a redução da água.

Para aqueles(as) que esquecem de beber água, que se sentem sobrecarregados(as) pela quantidade de água que precisam beber, ou que acham que água "tem um gosto desagradável", eis algumas dicas:

- **Tenha uma grande garrafa de água ao alcance da mão** e a uma distância visual. Se ela estiver pronta e esperando na sua frente, é mais provável que você a pegue e beba.
- **Beba um copo de água assim que acorda.** Isso também é benéfico para a digestão, pois todos sabemos que a desidratação pode causar prisão de ventre (que é um inferno que eu escolho evitar).

- **Torne sua água interessante.** Adicione frutas. Coloque gelo aromatizado (hortelã é ótimo!). Faça limonada. Agora tome essa água.

Pratique yoga

Quando estava na faculdade de medicina (no auge da navegação pelo TDAH e tudo mais na vida), eu tinha muita dificuldade em me manter "amarrada".

Naquele estado de caos e crise, sentia como se não tivesse nada a que me agarrar que me estabilizasse. Tentei usar outras pessoas para me ancorar, mas isso só me dava alívio temporário.

Então comecei a fazer yoga.

De uma perspectiva de processo neurobiológico, as pessoas que regularmente praticam yoga têm melhorias funcionais nas áreas cerebrais responsáveis pela memória (hipocampo), regulação emocional (amídala) e função executiva (córtex pré-frontal).

Yoga tem tudo a ver com desacelerar. Fluir pelos movimentos e posturas encoraja a respiração profunda, o alongamento do corpo e a concentração intensa. Seus fundamentos centrais se baseiam na atenção plena, o que talvez seja o aspecto mais enriquecedor dessa forma de administração do TDAH. Requer que você introjete seu foco para se concentrar em sua respiração e prestar atenção em seu corpo. Ao escutar esses sinais, você se torna mais presente e se assenta mais no aqui e agora, e fica mais capaz de controlar a sua atenção.

Dedicando tempo à prática da atenção plena, você pode aprender como regular os pensamentos altamente inflamáveis e responder a eles de forma calma e equilibrada. Este é um meio excelente de administrar o estresse e verdadeiramente focar no bem-estar em um sentido abrangente.

Descubra um exercício de que você goste

Eu odeio malhar. Eu odeio suar. Nunca tive um "barato de corredor" [*runner's high*]. Na maioria das vezes em que entro em uma academia, vou pelo componente social nas primeiras semanas, depois viro um fantasma. Contudo, sei que preciso me exercitar para que possa funcionar mais completamente (veja a seção "Pratique yoga"!).

O exercício é benéfico por muitas razões, mas, para pessoas com TDAH, malhar pode simultaneamente reduzir a hiperatividade, fortalecer a atenção e a memória e promover o relaxamento. Talvez seja a maneira mais positiva de modificar a sua rede neural para alcançar um estado mais consistente de estabilidade.

Áreas do cérebro que regulam a resposta do estresse, incluindo a amídala e o córtex pré-frontal, são acalmadas durante o exercício. Quando você está com sobrecarga emocional, o exercício pode reduzir esse caos neural de modo que você possa processar tudo mais efetivamente. Quando se envolve em uma atividade física extenuante, você está fundamentalmente imitando as respostas físicas que podem acompanhar a ansiedade, o que permite se adaptar e aprender a administrar essas respostas e não ser sobrepujado(a) por elas quando estas surgem organicamente.

Exercitar-se leva a maiores níveis de circulação de dopamina e a receptores de dopamina mais disponíveis. Esse remodelamento do sistema de recompensa também tem um papel-chave na regulação do sistema de atenção. Além de promover a prontidão, ajuda a mudar e redirecionar a atenção mais adequadamente, protegendo assim você de distração.

Eis algumas dicas para fazer exercícios:

- **Tente encontrar algo de que você goste.** Quanto mais o exercício é envolvente, é mais provável que você continue fazendo. Assim, você poderia se exercitar com um(a) amigo(a); malhar com músicas de que você goste; ou frequentar aulas, se isso fizer você se sentir mais responsável.
- **Tente se exercitar regularmente (de preferência, diariamente).** Você não tem de fazer nada formal, apenas algo que ponha seu corpo em movimento. Você pode considerar fazer alguns exercícios dirigidos do YouTube ou seguir instrutores de *fitness* nas mídias sociais.
- **Tente estar ao ar livre.** Se esta é uma opção acessível, é muito bom passar algum tempo no sol e ar fresco. Isso indica ao seu corpo que você está fazendo algo por você e fortalece alguns dos benefícios regulatórios do exercício.

De novo, você provavelmente não vai tomar a forma de um fisiculturista instantaneamente; foque apenas em fazer mudanças pequenas e progressivas. Lembre-se de que a mensagem aqui é aprender a dar passos pequenos e práticos rumo a um melhor autocuidado e administração de sintomas.

E se nada disso der certo, malhe porque você se dará uma boa desculpa para comprar roupas esportivas bonitinhas.

Mude o seu relacionamento com a medicação

Falemos sobre a medicação "certa".

A medicação certa é aquela que é a certa para você. Há muitos fatores a considerar, incluindo a sua genética, suas condições psiquiátricas subjacentes, suas situações de vida atuais e sua situação financeira. Essa não é uma situação de padrão único para todo mundo.

De certo modo, isso é estranhamente confortante para mim. Eu gosto da teoria de que cada um pode personalizar e encontrar uma opção perfeita para sua medicação. Contudo, a jornada pode ser muito trabalhosa. Na faculdade de medicina precisei de vários medicamentos diferentes até encontrar "o certo". (E, para complicar as coisas, "o certo" pode ser diferente em diferentes pontos da sua vida, mas isso fica para outra hora...)

Em primeiro lugar, permita-me dizer que a medicação é uma das muitas opções de tratamento, e não é uma escolha adequada para todo mundo. Se essa é uma modalidade de tratamento que você e seu médico decidem que é certa para você, ter um relacionamento saudável e atento com a medicação é importante. A medicação não vai "resolver" o seu TDAH. A medicação pode ser uma ferramenta potente no seu arsenal, mas você obtém a máxima eficácia quando alia isso a modificações de comportamento e autocuidados adequados.

Sinceramente, posso dizer que se não tivesse incorporado opções não medicamentosas e adequações comportamentais junto com minha medicação, provavelmente eu não teria completado a faculdade. É vital construir esses bons caminhos e hábitos, de modo que você não tenha que se apoiar tão pesadamente na medicação.

Se você tentou a medicação, não precisou de numerosas tentativas para encontrar a escolha certa? Ainda está procurando?

Tome suas vitaminas

Em um nível básico, as vitaminas podem ser extremamente benéficas. Reconhecer os benefícios nutricionais de certas vitaminas é útil para suplementar a sua dieta, mas por vezes (especialmente com TDAH) as deficiências persistem. Estar ciente dessas vitaminas e de seus benefícios específicos para cérebros com TDAH pode ser uma conversa que vale a pena ter com seu médico:

- **Zinco.** Ajuda a regular a dopamina no cérebro, e dados mostram que ele pode reduzir a hiperatividade e a impulsividade. O zinco é encontrado na carne bovina, camarão, sementes de abóbora e espinafre.
- **Magnésio.** Esse suplemento ajuda no sono, relaxamento, ansiedade e digestão. Auxilia os neurotransmissores a lidarem melhor com problemas de atenção. Você pode encontrar magnésio em nozes, sementes, feijões e folhas verdes escuras.
- **Vitamina B.** Essa vitamina aprimora o estado de alerta enquanto diminui a ansiedade. Sinais de deficiência incluem a fadiga e a irritabilidade. Procure por vitamina B em bananas, espinafre e salmão.
- **Ferro.** Dados mostram que baixos níveis de ferro podem exacerbar sintomas de TDAH. É importante notar que ingerir ferro demais pode ser prejudicial (e causar prisão de ventre). Se você quer incrementar o ferro naturalmente, alimentos ricos em ferro são chocolate amargo, folhas verdes e carne vermelha.
- **Vitamina C.** A vitamina C pode ajudar na síntese de neurotransmissores, mas você deve proceder com cautela se está tomando certos medicamentos para TDAH, pois vitamina C em excesso pode afetar a absorção desses medicamentos.

Faça caminhadas

Longas caminhadas na praia não são meros clichês de perfis de namoro; são objetivamente terapêuticos para você. São de baixo impacto e não requerem habilidades, equipamentos ou instalações especializadas. Como dissemos ao longo deste livro, o cérebro com TDAH é altamente impactado pela sua saúde global. Quando tudo está otimizado e trabalhando junto, você tem um melhor controle de seus sintomas e leva uma vida mais feliz, mais sadia e menos caótica.

Há numerosos benefícios na caminhada. Meros trinta minutos de caminhada por dia podem melhorar o seu humor. Melhora a qualidade do sono e potencialmente reduz o estresse, a ansiedade e a fadiga. Pessoas fisicamente ativas correm um risco significativamente menor de se tornarem depressivas, e se exercitar durante um episódio depressivo pode ajudar a reduzir a gravidade e extensão dos sintomas.

As melhorias físicas que você obtém caminhando são igualmente notáveis. Caminhar ajuda na perda de peso e melhora a saúde cardiovascular. Pode também fortalecer sua percepção da imagem corporal e a confiança. Permanecer ativo(a) pode melhorar a função cognitiva, a memória, a atenção e a velocidade de processamento. Pessoas mais velhas que permanecem ativas podem reduzir o risco de declínio cognitivo e da demência.

Quando você observa os benefícios da caminhada especificamente para o TDAH, vê que ela melhora o humor e o funcionamento geral por aumentar o fluxo sanguíneo e a circulação para o cérebro e o corpo. Fornece oxigênio e nutrientes de modo mais eficiente para o sistema nervoso central e atenua sua resposta hiperativa ao estresse.

Há um benefício adicional se você caminha ao ar livre. Estar em meio à natureza e fora de seu ambiente cansativo de sempre permite a você descomprimir e se reconcentrar. Dá a você um tempo quase que transcendental para processar os estímulos opressivos de uma maneira mais organizada e menos carregada emocionalmente.

Se eu entro em algum tipo de confronto, uma das primeiras coisas que faço é ir caminhar fora de casa. Sinto-me mais centrada, reflexiva e preparada para abordar o problema de forma responsável após me dar tempo para descomprimir.

Caminhar não precisa ser uma aventura do gênero tudo ou nada. Comece devagar, e veja se construir essa rotina é factível. A parte mais complicada é começar, mas, uma vez que você começa, experimenta um ciclo positivo de respostas: quanto mais faz, mais efeitos positivos observa. Torne a caminhada agradável com calçados confortáveis e, se possível, convide mais alguém para caminhar junto (desse modo você pode mergulhar no autocuidado social também!).

Varie a sua rotina e lugar, e assim vai se beneficiar da emissão de dopamina pelos novos estímulos ao seu redor. E não se estresse por pular dias. A ênfase deve ser no quão bem você se sente quando dedica aquele tempo para você, ao invés de se penalizar por quebrar a rotina.

Caminhar oferece os benefícios físicos do exercício ao mesmo tempo em que incrementa seu bem-estar emocional e ajuda a ganhar autonomia em relação aos seus sintomas de TDAH.

Portanto, faça uma pausa, ponha seu calçado e vá caminhar!

Tente fazer o pino

Sei que parece estranho.

Um pino exige que você vire seu corpo de cabeça para baixo e se apoie nas mãos. Acontece que este é um exercício isométrico profundo que ajuda na consolidação da força do *core* (que corresponde à região do abdômen, da lombar, da pelve e do quadril). Também ajuda a regular a perfusão sanguínea e a circulação linfática. Mas por que isso é bom para pessoas com TDAH?

O tempo gasto na inversão pode melhorar o seu humor, proporcionando fluxo sanguíneo extra para o cérebro. Pinos também podem reduzir a produção de cortisol (hormônio do estresse), diminuindo a probabilidade de você se sentir sobrecarregado. Para um cérebro hiperativo e superestimulado, este é um exercício bem-vindo para ajudar a acalmar as coisas e, ao mesmo tempo, energizar você.

Então, largue este livro e experimente fazer um pino (para uma rápida estimulação!). Veja como:

- Comece com o rosto afastado da parede, dobre-se e coloque as palmas das mãos no chão, à sua frente, na largura dos ombros (você pode querer fazer isso em um carpete ou tapete, caso as coisas fujam de você!).
- Suba os pés na parede até ficar com o corpo ereto.
- Lentamente, aproxime as palmas das mãos da parede.
- Mantenha esta posição enquanto conta até 15 e depois encontre uma maneira elegante (ou não) de desmontar.

Ganhará grandes pontos de bônus se você puder combinar isso com um exercício respiratório (inspire e expire do seu modo até a seção "Pratique respiração profunda").

Faça consultas médicas regulares

Com frequência tratamos nossos corpos com um imprudente abandono. Claro, posso beber só café o dia todo e então fazer minha primeira refeição às três da tarde. Claro, posso largar os exercícios por meses, e então tentar escalar uma montanha nas férias. Claro, posso rolar a tela do meu celular até as duas da manhã e então acordar às seis para o trabalho. Mas, de repente, meu corpo acaba se cansando de minhas palhaçadas e chega ao limite.

Obviamente não recomendo fazer nada disso. Um médico pode ajudar você a corrigir o rumo e otimizar sua agenda, dieta e bem-estar físico. Manter contato regular ajudará seu médico a aprender os meandros de seu histórico médico e guiar você rumo a uma melhor administração dos sintomas.

Isso é especialmente importante se você tem um histórico familiar de doença crônica, se você tiver sofrido quaisquer alterações súbitas, ou se sua saúde física estiver impactando fortemente seu estado mental. Construir essas boas relações de trabalho e ter uma equipe terapêutica para manter o controle de sua saúde geral o(a) ajudará a adotar medidas preventivas e, tomara, evitará maiores problemas.

O modo como você cuida de seu corpo impacta diretamente o modo como seu cérebro funciona. Ter uma relação estabilizada com um médico de cuidados primários pode te ajudar a viver uma vida longa e saudável, de modo que possa dispender sua energia mental em projetos apaixonantes, ao invés de ir ao Google a cada sintoma físico que possa experimentar.

Module a ingestão de cafeína

A cafeína é um estimulante que opera no seu sistema nervoso central para aumentar a produção de dopamina.

Foi demonstrado que isso fortalece o desempenho ao ajudar com a atenção, aumento da memória e regulação do movimento corporal. Contudo, essa promoção do estado de alerta também causa ansiedade, batimento cardíaco acelerado, inquietação, dores de cabeça, insônia e espasmos musculares.

A cafeína é também um vasoconstritor (algo que faz os vasos sanguíneos se contraírem e reduzir o fluxo sanguíneo). Uma teoria diz que essa propriedade vasoconstritora pode combater sintomas de TDAH ao reduzir o fluxo sanguíneo em regiões hiperativas do cérebro, permitindo que elas operem mais efetivamente e cooperam com o restante do cérebro.

Para alguém com TDAH, a cafeína pode se tornar um hábito, e é fácil abusar dela. Se você se sente com mais produtividade, menos letargia e, de modo geral, melhor com cafeína, é fácil se apoiar nela e tomar uma ou duas xícaras a mais de café ou tomar outra bebida energética para uma solução rápida.

Conforme isso passa de uma medida temporária a um hábito mais problemático, você pode reparar que os aspectos negativos do seu TDAH são acentuados quando você está excessivamente cafeinado, incluindo mais hiperfoco, nervosismo e esquecimentos desconfortáveis.

Não existe uma única melhor prática quando se trata de como utilizar a cafeína. Para alguns, ela melhora a atenção, para outros, causa ansiedade. O truque é saber o que funciona melhor para você. Leva entre cerca de trinta minutos e uma hora para a cafeína alcançar o efeito máximo, e cerca de cinco horas para sair totalmente do seu sistema.

É importante conhecer esses números porque, se você está usando cafeína para ajudar em uma certa tarefa, poderá cronometrar sua ingestão para se encaixar nessa janela.

Também é bom saber quando a cafeína deixa de ter um efeito clínico, de modo que você se certifique de que ela não interfira no sono.

A *Mayo Clinic* relata que 400 miligramas de cafeína (cerca de quatro xícaras de café) por dia são seguras para um adulto. O essencial é manter um equilíbrio, de modo que você não tenha nervosismo ou ansiedade, mas ainda assim sinta um benefício com a cafeína.

Embora os estudos não sejam conclusivos sobre a cafeína como tratamento para o TDAH e em geral se considere que a quantidade de cafeína que você precisaria consumir para impactar os sintomas do TDAH provavelmente causaria agitação, ainda assim podemos utilizá-la como uma ferramenta terapêutica para dar um impulso naqueles desfiladeiros de baixa dopamina.

Cada pessoa reage de forma diferente, e há uma curva de aprendizado, mas se você puder imaginar um jeito de usar a cafeína para ajudá-lo(a), isso não seria incrível?

Como modular a compulsão alimentar

A compulsão alimentar é caracterizada pela ingestão de grandes quantidades de comida em curtos períodos de tempo (muitas vezes quando a pessoa não está com fome) e pode resultar em culpa e profunda vergonha. Esse padrão compulsivo de comer com TDAH pode ser atribuído à má autorregulação. Quando você está entediado(a) ou chateado(a), seu cérebro pode interpretar mal esses sentimentos, como pontadas de fome.

Não é fácil combater algo que você não conhece. A chave é modular como você pensa e sente para poder alterar seus comportamentos. Aqui estão alguns pontos de partida para que você possa regular isso de forma mais eficaz:

- **Evite tentações alimentares.** Mantenha fora de casa as coisas pelas quais você sente compulsão.
- **Substitua sua alimentação irrefletida.** Em vez de se concentrar em não comer, concentre-se em mudar o que e quanto você come. Se sentir desejos particularmente fortes, em vez de apenas se privar, reduza a porção ou procure alternativas com um perfil de sabor semelhante.

- **Programe quando você come.** A ingestão regular de alimentos controla o açúcar no sangue, então você pode fazer escolhas melhores.
- **Reconheça o tédio.** Encontre atividades saudáveis para se estimular, de modo que você não dependa da comida para ter picos de dopamina (evite TV, que apenas incentiva a má alimentação).
- **Esteja atento(a) ao comer.** Questione-se sobre sabores, texturas e experiência geral enquanto come. Isso o(a) ajudará a manter-se engajado(a) e presente no momento.

Reserve tempo para um banho

A higiene pessoal pode ser um problema para pessoas com TDAH. Entre as crianças isso pode ser tolerado até certo grau, mas a má higiene em adultos pode fazê-los parecer negligentes e indicar um problema mais profundo. Isso leva a uma vergonha quase corrosiva, que queima você até o âmago. Não é só você. As pessoas apenas não falam a respeito.

As pessoas com TDAH geralmente têm dificuldades nessa esfera devido a problemas com a percepção do tempo, falta de motivação, esquecimento, ou problemas sensoriais significativos. Talvez você odeie a sensação de estar úmido(a)? Talvez a ideia de lavar o cabelo o(a) deixe exausto(a) antes mesmo de você começar? Talvez você ache que vai levar muito tempo, ou que é simplesmente chato demais? Ser capaz de colocar sua função executiva em ação para cuidar de sua higiene pessoal pode ser uma luta constante.

Reservar, todo dia, um tempo para consolidar um hábito pode ser útil. Em geral, as manhãs podem ser caóticas; portanto, você pode ter mais sucesso se construir uma prática de higiene em sua rotina da hora de dormir.

Isso pode também funcionar como um modo de fortalecer seu relaxamento quando você se prepara para dormir. O calor da água pode liberar dopamina, e esse período pessoal tranquilo pode fornecer algum tempo ininterrupto para trabalhar a regulação emocional.

Se isso ressoar em você, talvez uma *playlist* de banho divertida ajude? Estou pensando em algum sucesso dançante, alguma coisa como *Let's Groove* do Earth, Wind & Fire.

Incorpore uma boa higiene do sono

Estima-se que entre 25 e 50% das pessoas com TDAH tenham problemas com o sono, desde a insônia até condições secundárias de sono.

Problemas para dormir podem ser o resultado de circuitos danificados de estimulação, alerta e de regulação no cérebro. Outras teorias propõem que os problemas podem derivar de ritmos circadianos atrasados, com um início mais tardio de produção de melatonina. Mais pesquisas precisam ser feitas, mas o que importa é que a disfunção do sono no TDAH é muito comum.

Quando você está com déficit de sono, seu cérebro não funciona de maneira ideal e pode ser difícil iniciar ou manter o foco, tomar decisões ou regular emoções. A privação de sono e os sintomas de TDAH têm uma sobreposição significativa, por isso fica evidente que a privação de sono amplifica os sintomas de TDAH.

O sono pode ser algo difícil de controlar e modular. Uma boa higiene do sono é multifacetada e pode ser uma prática muito personalizada. Algumas coisas devem ser consideradas e a incorporação à sua rotina pode ajudar com o sono, como:

- **Desligar os aparelhos eletrônicos cerca de trinta a sessenta minutos antes de ir dormir;** a luz azul que emana dos aparelhos eletrônicos ativa o cérebro e impede aquele período de "esfriar a cabeça" que precede o sono. Além da luz de fundo, tudo o que você está vendo no celular, no iPad ou na TV é provavelmente muito estimulante, o que também mantém seu cérebro girando em vez de pegar no sono.
- **Use a cama apenas para dormir** (e para fazer sexo), para fortalecer sua associação com o sono. Nada de trabalho, comida ou telefonemas – estou olhando para *você*.
- **Tente ao máximo acordar no mesmo horário** (mesmo que esteja sentindo muito cansaço pela manhã) e evite cochilos. Isso garantirá que você fique cansado(a) à noite, o que ajuda a regular um ciclo sono-vigília mais normal.
- **Experimente um cobertor pesado.** Comumente isso é usado para transtornos de ansiedade e também já demonstrou proporcionar uma sensação calmante por meio do peso e pressão suaves que ajudam a guiar você para um sono tranquilo.
- **Crie um ritual relaxante para dormir**, como tomar um banho quente, ler algo calmante e não excessivamente estimulante, beber leite morno ou chá sem cafeína e/ou ouvir músicas ou sons calmantes. O objetivo aqui é desacelerar o cérebro e ajudar a criar circuitos que ligam esses comportamentos para iniciar o sono.

O fato é que dormir o suficiente é uma fonte fundamental de autocuidado, porque se essa questão não for abordada, pode haver efeitos significativos a longo prazo.

Não dormir o suficiente ou ter um ciclo de sono anormal pode levar a doenças físicas, problemas comportamentais e preocupações de humor, e isso é ainda mais problemático para pessoas com TDAH do que para a população em geral.

Beba chá verde

O chá verde sempre foi minha parte favorita das refeições em restaurantes chineses. Além de ser delicioso e calmante para o paladar, sempre gostava da cerimônia. Gosto de colher as folhas de chá, gosto de usar jogos de chá de porcelana complexos e adoro o fato de ser uma bebida social que não contém álcool. Eu bebia chá anos antes de aprender sobre seus benefícios para o TDAH.

Para compreender o valor terapêutico do chá verde você precisa conhecer o seu componente-chave: a L-teanina. A L-teanina é um aminoácido livre que ajuda a proporcionar um estado de "alerta, mas relaxado" por meio da ativação de ondas cerebrais alfa (as mesmas que estão presentes durante a meditação!). Isso, juntamente com a cafeína do chá verde, pode melhorar a aprendizagem e a concentração. Também é benéfico para aliviar a ansiedade e, ao mesmo tempo, energizar você suavemente (o que é muito bom, considerando que a maioria das coisas que efetivamente esmagam a ansiedade nos deixam tontos e confusos). Não consigo pensar em muitos produtos disponíveis no mercado que possam acalmar a mente e ao mesmo tempo concentrar a atenção sem afetar negativamente o estado de alerta.

A L-teanina também promove relaxamento e melhora o sono. Dormir adequadamente tem impactos tremendos no humor e na concentração, mas a própria substância ajuda a reduzir os níveis de estresse e ajuda no controle da pressão arterial. O chá verde também contém antioxidantes, que podem diminuir a neuroinflamação (observada na demência e em outros tipos de degeneração cerebral).

Se o chá quente não é para você, experimente o matcha [o broto do chá verde], chá verde de menta frio ou até mesmo sorvete de chá verde!

Faça uma massagem

Avalie como você se sente agora. Você está sentado(a) curvado(a), com ombros arqueados, torcicolo e olhos cansados?

Sentado(a) em sua cadeira no legítimo modo gárgula? Ok, eu também.

O problema é que seu corpo armazena essa tensão muscular e você acaba pagando por isso depois. Insira o item de autocuidado aparentemente mais "autoindulgente" deste livro: a massagem.

Você não precisa ir a um *spa* de primeira linha e passar um dia inteiro tomando banho de vapor e sendo massageado(a) (embora isso pareça incrível). Eu sugiro que você ouça seu corpo e descubra o que funciona para liberar essa tensão. Você pode usar um rolo de espuma, acompanhar vídeos de massagem ou combinar com um(a) amigo(a) para ajudar a soltar alguns desses músculos tensos.

A massagem tem benefícios específicos para pessoas com TDAH.

Foi demonstrado que a massagem terapêutica diminui a inquietação, promove uma boa concentração e aumenta os níveis de serotonina. Também tem os benefícios adicionais de melhorar a regulação emocional e ajudar a ter um sono mais reparador.

Em geral (e não apenas na população com TDAH), também é possível observar uma melhora na capacidade respiratória, circulação, drenagem linfática e dores de cabeça.

Você notou uma melhora nos sintomas após uma massagem? Ou você se incomoda quando alguém toca em você? Nesse caso, você pode optar pelo rolo de espuma.

Pare de fumar

Isso é óbvio, certo? Infelizmente, não é tão fácil.

Deixe-me explicar por que as pessoas (e especialmente as pessoas com TDAH) têm dificuldade em largar o cigarro. A nicotina chega ao cérebro muito rapidamente (estima-se que demore cerca de dez segundos). Inicialmente, você observa um breve aumento no humor e na concentração, redução do apetite e maior relaxamento. Tudo isso é precipitado pela nicotina, estimulando a liberação de dopamina no cérebro, que é o que o cérebro com TDAH deseja.

Mas então seu cérebro quer mais. O uso regular de nicotina altera a tolerância do seu corpo a ela, levando assim à abstinência de nicotina, o que o(a) incentiva a fumar novamente para evitar essa sensação. E então, olá dependência.

Embora a nicotina possa ter tido alguns aspectos positivos limitados no início, agora você está viciado. Em vez de proporcionar calma e relaxamento, agora começa gradualmente a aumentar a ansiedade e a tensão muscular. As pessoas com TDAH podem chegar ao ponto em que percebem que os benefícios a curto prazo não compensam as perdas a longo prazo, mas não *conseguem* parar porque precisam daquele aumento de dopamina. Então continuam fumando.

Não vou tentar convencer você a desistir. Faça o que achar melhor. Mas você deve saber no que se meteu. Encorajo você a pensar sobre sua relação com o tabagismo: por que você faz isso?

Quando você faz isso? Onde você faz isso? Também quero que você pense na vida sem fumar: melhor saúde, melhor concentração, humor mais regular, *hálito fresco*.

Você sabia que a maioria dos desejos dura apenas alguns minutos? É sério. A maioria das pessoas não sabe disso, então constatam essa urgência imediata quando sentem pela primeira vez as dores de um desejo. Se você conseguir passar dessa janela inicial, estará em uma posição fisiologicamente melhor para parar gradualmente.

Apenas vinte minutos após o último cigarro sua frequência cardíaca diminui. Doze horas depois, os níveis de monóxido de carbono (um gás tóxico que *substitui* seu precioso oxigênio) no sangue voltam ao normal.

Sua função pulmonar melhora e sua circulação começa a se normalizar em curtos três meses. Após um ano de interrupção, o risco de ter um ataque cardíaco cai pela *metade*. E depois de cinco a quinze anos o risco de acidente vascular cerebral será o mesmo de um não fumante.

É difícil largar. Eu sei que muitas pessoas querem largar, mas sentem que estão "muito envolvidas".

Se você sentir dificuldade em saber por onde começar ou sentir que não tem apoio adequado para parar, converse com seu médico.

Exponha-se a uma quantidade adequada de luz solar

Você sabia que a luz solar melhora o seu humor? A luz solar aumenta e estimula a serotonina neuroquímica que aumenta a satisfação e a calma.

Muitos antidepressivos atuam por meio do mesmo neurotransmissor para melhorar o humor. Você também deve ter ouvido falar sobre a correlação entre a luz solar e o transtorno afetivo sazonal (TAS). A fototerapia melhora o humor depressivo precipitado pelas mudanças sazonais.

Um estudo mostrou que as pessoas tinham níveis de serotonina mais elevados em dias ensolarados do que em dias nublados (independentemente da temperatura – estamos falando apenas de luz solar direta!). É preciso muito mais investigação sobre isso porque existem alguns dados confusos, mas é quase universalmente aceito que devemos aproveitar aquele sol quente sempre que pudermos.

A luz solar parece desempenhar um papel na diminuição dos sintomas de TDAH, principalmente promovendo uma saúde boa e feliz! Você pode não melhorar o humor imediatamente, mas, ao sair ao sol, o seu humor pode melhorar gradativamente, o que promove um sono mais restaurador, maior produção de vitamina D e um controle de humor mais adequado.

Então, faça isso agora: espie lá fora. Se parecer ensolarado, faça uma pequena pausa e dê uma volta, caminhe. Pode ser uma excursão de dois minutos, mas use esse tempo realmente para você. Tente verificar seus cinco sentidos (o que vejo, cheiro, ouço, saboreio e sinto?) quando estiver ao ar livre.

Esta pode ser uma bela maneira de se reconectar com o aqui-agora, recarregar as energias longe das luzes fluorescentes e absorver um pouco da energia solar.

Administre a sobrecarga sensorial

Se você me pedir para que me concentre e houver distrações como batidas de pés, sons de mastigação, gotejamento de água, zumbido de um ventilador, pensarei em como encontrar silêncio antes de poder fazer qualquer outra coisa.

Meu cérebro está funcionando com capacidade máxima e acionar gatilhos sensoriais torna quase impossível manter meu foco. A parte mais frustrante? Embora esses gatilhos me deixem incapacitada, todas as outras pessoas parecem não se incomodar!

Os problemas de processamento sensorial afetam a maneira como você responde aos eventos diários devido a deficiências na detecção, regulação e interpretação de estímulos. Eles são mais comuns entre a população com TDAH.

Às vezes, a desregulação sensorial pode quase fazer parecer que você está sendo agredido pelos estímulos e, outras vezes, é como se você estivesse lutando por estímulo, porque sente que tudo está silenciado. Para pessoas com problemas de processamento sensorial, coisas que não estão no radar de mais ninguém podem causar desconforto extremo.

É importante identificar o que está causando essa sobrecarga sensorial e encontrar uma solução criativa para lidar com ela. Algumas pessoas recorrem à ajuda de um médico ou terapeuta ocupacional para ajudá-las a libertarem-se lentamente desses fortes padrões sensoriais.

Se os ruídos forem superestimulantes, você pode tentar fones de ouvido com cancelamento de ruído. Se as etiquetas costuradas em suas roupas forem demais, investigue as opções sem etiquetas ou remova as etiquetas. Se certos alimentos são um pesadelo em termos de textura, encontre uma forma alternativa de prepará-los.

Isso não é apenas uma coisa de "você"; sobrecarga sensorial acontece com muitos de nós. Que coisas deixam você absolutamente fora de si?

Tenha uma relação sadia com o sexo

A estimulação sexual libera endorfinas e mobiliza os neurotransmissores do cérebro. Isso pode acalmar os sentimentos de inquietação que o TDAH possivelmente causa e proporcionar uma pausa breve e feliz na rotação constante do seu cérebro.

No entanto, existem muitas armadilhas potenciais quando se trata de comportamento sexual e TDAH, e, honestamente, estas não são comentadas o suficiente.

Pessoas com TDAH podem ter dificuldade de concentração durante o sexo, tornando-o menos agradável para as pessoas envolvidas. Outro grande problema é perder o interesse por um(a) parceiro(a) sexual.

O cérebro do TDAH está programado para perseguir a excitação. À medida que um relacionamento amadurece, você pode perceber que as faíscas (dopamina!) diminuíram, e seu cérebro pode tentar lhe dizer para passar para algo, ou alguém, mais emocionante. Relacionado com isso, há também uma grande probabilidade de impulsividade, que pode levar a comportamentos sexuais de risco, ou abuso de substâncias, o que reduz as inibições e pode *piorar* a impulsividade.

Para aqueles que estão em relacionamentos de longo prazo, você pode perceber que o sexo é menos interessante para você porque seu TDAH causou uma mudança sísmica na dinâmica do seu relacionamento. Com o tempo, você e seu(sua) parceiro(a) podem ter caído em um padrão em que seu parceiro assumiu o papel de pai (e foi forçado a assumir a maioria das tarefas domésticas), e você pode ser transferido(a) para o papel de uma criança (que está sendo pressionada e criticada por seus fracassos). Ninguém quer fazer sexo nessa dinâmica estranha – ela está repleta de possibilidades de ressentimento.

Às vezes, quando esse padrão desagradável entra em ação, vemos pessoas mergulharem quase obsessivamente na pornografia ou em outros métodos autoestimulantes, o que as afasta ainda mais da construção de intimidade em um relacionamento.

Reconhecer padrões aberrantes (como o cenário pai/filho) pode lhe ajudar a corrigir o problema subjacente. Esteja atento(a), presente e paciente ao enfrentar essas águas.

Recorra a situações que liberam dopamina: encontros divertidos, aventuras espontâneas ou até coisas tão simples como carinhosas mensagens de texto ao longo do dia. À medida que você começa a se livrar dos ressentimentos e a reequilibrar seu relacionamento, você poderá notar o redespertar do romance.

Talvez o passo mais importante para resolver esses atoleiros sexuais frustrantes seja compreender que o TDAH desempenha um papel importante na forma como você se relaciona sexualmente com seu parceiro. Muitas vezes começamos a fazer suposições sobre a nossa autoestima e conveniência com base nas opiniões do nosso parceiro em relação a nós.

Reconhecer que isso pode não ter nada a ver com você, ou com o amor que você compartilha, e que são apenas sintomas de TDAH que atrapalham uma conexão significativa, é uma mudança fundamental de mentalidade que pode ser necessária para preservar seu relacionamento.

É importante reconhecer esses padrões, porque o sexo é uma bela forma de construir intimidade e conexão. Você deve ser aberto(a) com seus parceiros (e com você mesmo) para desenvolver um relacionamento sexual feliz e satisfatório.

Corte o uso de álcool

Pessoas com TDAH geralmente procuram uma maneira de "voltar a si" e acalmar o cérebro. O álcool envia sinais inibitórios ao seu corpo, dizendo-lhe para relaxar, o que pode ser ótimo, mas também pode ser problemático se você depender dele para desacelerar.

Embora o TDAH não cause abuso de álcool, ele *é* um fator de risco para isso.

Há dados que mostram que TDAH na infância está associado ao uso precoce de álcool. Existe também uma correlação entre o TDAH e um risco aumentado de consumo excessivo de álcool (que pode evoluir para um transtorno mais crônico de uso de álcool) e aumento da sensibilidade aos efeitos do álcool.

Talvez a coisa mais importante a se notar é que o uso de álcool pode exacerbar os sintomas do TDAH, especialmente a impulsividade.

Para reduzir o consumo de álcool, comece por prestar atenção aos momentos em que ele pode potencialmente ser mais problemático. Evite beber álcool antes de dormir. Pode ajudá-lo(a) a adormecer, mas interfere na qualidade do sono, o que significa que você não progride para um sono profundo e pode ter maior probabilidade de acordar durante a noite ou acordar sem se sentir revigorado. Além disso, pode haver uma interação significativa entre álcool e medicamentos.

Se você estiver tomando algum medicamento, pergunte ao seu médico especificamente sobre a interação com o álcool. A melhor prática, entretanto, é evitar o uso de álcool enquanto o medicamento estiver ativo em seu organismo.

Aprenda como alimentar o seu cérebro

Vamos começar desmascarando alguns mitos sobre o TDAH e a alimentação.

Alimentos não saudáveis não podem *causar* TDAH. Por outro lado, alimentos saudáveis não podem *resolver* o TDAH. O que não é um mito é que uma dieta pobre pode agravar os sintomas. Ao fazer pequenos ajustes em o que, quando e como você come, você poderá notar melhorias significativas nos sintomas de TDAH.

Com o TDAH, você pode ter dificuldade em regular a ingestão de alimentos, seja esquecendo-se de comer ou comendo demais sem pensar. Com esses padrões inconsistentes, é especialmente importante estar atento a que, ao comer, você está fazendo escolhas alimentares adequadas.

Para otimizar a nutrição e criar uma dieta para melhor controlar os sintomas de TDAH há evidências que sugerem que:

- **Dietas ricas em proteínas** melhoram a sua capacidade de iniciar e manter o foco, uma vez que demoram mais tempo para decompor-se – portanto, mais energia durante mais tempo e menos acidentes.
- **Carboidratos complexos** (trigo integral, quinoa e assim por diante) *versus* carboidratos simples (pão branco e açúcar) podem regular seu suprimento de energia e promover um sono reparador.
- **Comer pequenas refeições ao longo do dia** pode manter os níveis de açúcar no sangue (combustível para o seu cérebro ocupado!) e melhorar o metabolismo geral.

Comer para abastecer adequadamente o seu corpo pode não ser intuitivo para as pessoas com TDAH, mas você pode trabalhar fazendo pequenas mudanças para eventualmente produzir grandes resultados. Qual é uma pequena substituição que você pode fazer hoje?

Cuide bem dos dentes

Escovar os dentes pode ser difícil. Você sabe que é a coisa certa a fazer, mas literalmente não consegue reunir energia para fazê-lo, ou pode ter problemas sensoriais associados a isso, ou simplesmente se esquece legitimamente de fazê-lo. Pode ser um "fracasso" embaraçoso falar sobre isso, mas é muito comum.

O TDAH muitas vezes dificulta a fixação da atenção e o gerenciamento de uma rotina. As cáries são o problema dentário mais comum que os dentistas veem em pessoas com TDAH. Às vezes pode ser difícil realizar e manter atividades rotineiras, como escovar os dentes ou usar fio dental, e essas práticas inadequadas de higiene bucal colocam você em maior risco de cáries. Além disso, alguns medicamentos para TDAH podem ressecar a boca e reduzir a produção de saliva, necessária para proteger os dentes.

Num estudo publicado pelo National Center for Biotechnology Information [Centro Nacional de Informação sobre Biotecnologia], apenas 48% das crianças com TDAH escovavam os dentes todas as manhãs e apenas 48% escovavam os dentes todas as noites. Outro estudo mostrou que crianças com TDAH tinham doze vezes mais probabilidade de ter um grande número de dentes doentes, perdidos e obturados.

Algo que me ajudou foi fazer da hora de escovar os dentes uma festa dançante literal (eu até tinha uma escova de dentes do Justin Bieber que tocava música. Era claramente para crianças). Encontre maneiras de transformar essa tarefa mundana em uma recarga produtora de dopamina.

Encontrar uma rotina que funcione para você é o fator decisivo.

Dance

Eu sou uma péssima dançarina.

Dito isso, adoro dançar. Isso fez sentido quando comecei a mergulhar na pesquisa sobre a correlação entre a dançaterapia e a redução dos sintomas de TDAH.

A dançaterapia é uma maneira maravilhosa de gerenciar o lado mais físico do TDAH. Quando pensamos em TDAH, podemos pensar em desatenção, hiperatividade ou impulsividade, mas somaticamente o corpo do TDAH pode estar tenso, desregulado e fatigado.

Ao dançar sua música favorita, você recebe a dose de dopamina de um estímulo auditivo que lhe agrada, bem como o reforço positivo de seus movimentos físicos. Dançar permite canalizar energia para algo menos perturbador, reduz o estresse e ajuda na desregulação emocional. Também ajuda nas facetas mais tradicionais do foco no TDAH devido ao aumento da circulação.

Vamos realmente nos deleitar com a alegria do movimento. Dance sozinho(a), dance com um(a) parceiro(a), dance em grupo. Conecte-se com seu corpo e reserve um tempo para apreciar e sentir gratidão por poder se expressar dessa maneira. Você pode descobrir que, ao praticar a autoconsciência e a compaixão nesses episódios de liberação física, aprenderá a amar mais a si.

Experimente diferentes técnicas e estilos e tente perceber depois se você ouve melhor, dorme melhor, briga menos e se sente mais realizado(a).

3

Autocuidado mental

Como uma pessoa neurodivergente, você pode sentir que seu cérebro está sempre acelerado, sem tempo para recalibrar-se e descansar. Espera-se que você desempenhe funções e tarefas no contexto de um mundo neurotípico, que penaliza seus processos autênticos e recompensa você por mascarar seus sintomas.

Então, como cuidar da sua saúde mental nessas circunstâncias? O autocuidado mental inclui tudo o que você faz para estimular sua mente e nutrir uma psique forte e saudável. Para o TDAH, essa forma de autocuidado decorre de uma compreensão mais profunda de como o cérebro funciona.

Ao compreender os processos neurológicos e como cultivar sua exuberante paisagem mental, você pode realmente começar a cuidar de si mesmo(a).

Praticar o autocuidado mental ajudará você a diminuir o ruído interno e a encontrar maneiras de gerenciar melhor o estresse. As atividades de autocuidado deste capítulo têm como objetivo ajudar você a formar hábitos saudáveis, trabalhando com o cérebro e não contra ele.

Algumas dessas sugestões começam com algumas das diferenças neurobiológicas básicas nos cérebros com TDAH. A esperança é que, ao compreender estes fundamentos, você possa mergulhar em como praticar o conceito de paciência, como lidar com sentimentos de opressão e como encontrar o terapeuta certo para ajudá-lo(a) a navegar melhor.

Cuidar do seu bem-estar mental começa pela compreensão e compaixão. É por meio dessas pequenas mudanças de mentalidade que você começa a apreciar mudanças mais globais.

Entenda a sua identidade

Serem repetidamente malcompreendidas faz com que as pessoas com TDAH criem uma narrativa falsa sobre si mesmas e suas situações. Sentir-se deficiente e não confiar no seu próprio cérebro desde a tenra idade torna extraordinariamente difícil avaliar-se adequadamente como adulto(a).

Se você teve que suportar as críticas, punições e frustrações que acompanham o TDAH, pode ser difícil manter uma percepção positiva de si mesmo(a) e de suas capacidades. Experiências anteriores e recordações de fracassos ou deficiências vêm definir sua identidade própria e sufocam quaisquer momentos positivos atuais ou passados.

Aquelas palavras e pensamentos persistentes infeccionam à medida que você amadurece e se apresentam como uma ferida não curada, que molda suas decisões futuras e perpetua ainda mais sua desregulação emocional. Você pode oscilar entre a dúvida e a crença transitória na evidência de que é realmente inteligente, competente e capaz. Pode ser cansativo viver assim.

Então, como recuperar a autonomia de sua identidade e reconstruir sua narrativa?

- **Reconheça o seu passado.** Disseque e entenda suas experiências anteriores que deixaram você se sentindo incompreendido(a) e veja como isso se traduz nas situações atuais. Aqui está um exemplo: minha professora da quarta série me disse que "se eu fosse realmente inteligente, teria aprendido a organizar minha mesa". Agora tenho uma ligação clara no meu cérebro entre confusão ou desorganização, o que significa que falhei. Que eu sou burra. Ainda hoje, sinto que meu coração vai afundar quando passo por uma pilha de pratos sujos.
- **Identifique seus pontos fortes.** Identificar onde você se destaca pode ajudar a dissipar essa narrativa exclusivamente negativa. Se você está tendo dificuldades para fazer isso mas acredita sinceramente nesses pontos fortes, é nisso que você deve se concentrar agora.
- **Reformule suas memórias.** Reconte essas histórias anteriores e revisite-as de uma forma mais compassiva. Embora não possa mudar o que aconteceu, você pode interpretar os eventos de maneira diferente. Voltando ao meu exemplo anterior: minha professora da quarta série achou que eu não era inteligente porque tinha uma mesa bagunçada. Posso reformular isso pensando que minha professora pode ter entendido mal os meus sintomas de TDAH e estava tentando dizer aquilo para me motivar de uma forma que no passado pode ter beneficiado outras pessoas. Não há correlação entre ser bagunceiro e ser inteligente.

Lembre-se que você sempre foi e sempre será muito mais do que sua luta contra o TDAH. E sinto muito se você não ouve isso diariamente, mas vamos trabalhar para dizer isso a nós mesmos(as).

Em sua agenda ou no *notebook*, escreva uma declaração que você gostaria de ter ouvido enquanto crescia (para reforçar sua autoestima e identidade).

Pratique a respiração profunda

Você sabe como respirar fundo? Estou falando sério. Muitas pessoas não sabem como ativar o diafragma durante a respiração e, em vez disso, apenas respiram pelo peito ou pela garganta.

Experimente este exercício simples, para aprender como fazê-lo:

- **Sente-se** e coloque as mãos na barriga.
- **Relaxe** os músculos do pescoço e dos ombros.
- **Inspire** lentamente pelo nariz, mantendo a boca fechada (normalmente conto até cinco).
- **Sinta seus pulmões se encherem de ar** e inflarem como um balão enquanto sua barriga se move *para fora*. A maioria das pessoas respira fundo sugando a barriga. Errado! Sentir suas mãos se moverem para fora significa que você está fazendo isso corretamente. É preciso prática para substituir o outro jeito.

É isso, você conseguiu!

Mas o que a respiração profunda faz por alguém com TDAH?

Este exercício pode ajudar você a ficar mais atento(a) e relaxado(a) ao mesmo tempo. Isso parece ser um paradoxo teórico, mas as pessoas com TDAH entendem esse conceito intimamente.

Quando seu corpo e cérebro ficam mais lentos, você consegue se concentrar melhor.

Quando você consegue dominar esse trabalho respiratório, você sente mais calma, tem melhor controle sobre sua tolerância à frustração e é capaz de tomar melhores decisões. Isso não é incrível?

E tudo que você precisa fazer é *respirar* corretamente!

Pratique a paciência

Lamentavelmente, descobri que existe uma correlação direta entre impaciência e impulsividade.

Quando consigo debelar a onda crescente de raiva, irritabilidade e exasperação, vejo-me aceitando e processando dados de uma forma mais organizada e fico menos propensa a ser agressiva com quem tentar falar comigo em seguida. No entanto, ser paciente não é algo natural para os cérebros com TDAH. Pode ser difícil adiar a gratificação instantânea e, honestamente, não fazemos isso o suficiente para que se solidifique como um hábito.

A boa notícia é que a paciência pode ser praticada, e o primeiro passo é reconhecer as situações em que você fica impaciente (Na conversa? Ao dirigir? Ao comer?). Ao identificar e compreender as circunstâncias que automaticamente desencadeiam esse pavio curto, você pode encontrar maneiras de se preparar com antecedência.

Tenha em mente que na maioria das vezes ficamos impacientes por causa da má gestão do tempo. Talvez isso signifique reconhecer o fato de que "o tempo leva tempo" e eliminar a pressão de estar atrasado(a), aceitando que 'se chega lá quando se chega'. Embora lutar pela pontualidade seja sempre ideal, nas circunstâncias em que isso nos escapa, podemos mudar nossa mentalidade para estarmos calmos (e atrasados/atrasadas), em vez de atormentados(as) e estressados(as) (e ainda atrasados/atrasadas).

Tentar desacelerar e deixar o tempo passar em situações em que você está programado(a) para acelerar pode parecer desconfortável e estranho.

Pratique a paciência em situações de baixo risco. À medida que você a colocar em prática, o desconforto começará a se dissipar e você se tornará mais paciente.

Encontre um terapeuta

Aprender sobre as diversas modalidades de terapia, e obter uma compreensão mais profunda de cada uma delas, foi uma parte extremamente útil da minha formação psiquiátrica.

Foi a primeira vez em que pude realmente ver os benefícios da terapia para o controle dos sintomas de TDAH.

A terapia comportamental pode ajudar as pessoas com TDAH a aprender e incorporar habilidades que administram seus sintomas de forma mais eficaz. O objetivo da terapia comportamental é substituir comportamentos negativos por positivos, otimizando assim a sua vida e criando soluções duradouras para problemas crônicos.

A terapia comportamental se concentra especificamente em áreas problemáticas como organização, foco e controle de impulsos.

Às vezes é difícil para os adultos implementarem mudanças quando existe uma ligação fraca entre pensamentos e ações. A terapia cognitivo-comportamental (TCC) pode ajudar nesta ligação, reformulando os pensamentos para levar a comportamentos mais positivos e, portanto, a um maior controle sobre os sintomas de TDAH.

A terapia no TDAH analisa em profundidade suas dificuldades e seus trunfos. Ajuda a avaliar o papel que os sintomas de TDAH desempenharam no processo. Juntamente com seu terapeuta, você pode examinar os pensamentos, emoções e comportamentos que teve durante uma situação específica. Depois, você poderá avaliar outras maneiras pelas quais poderia ter lidado com a situação e desenvolver técnicas de enfrentamento para evitar a repetição de situações.

Talvez a razão mais convincente para prosseguir a terapia seja que os efeitos são duradouros. Você não está apenas processando coisas em tempo real; você também está desenvolvendo ferramentas para lidar com obstáculos no futuro.

Seus ganhos positivos continuam a crescer e esse trabalho psicodinâmico se consolida ainda mais com o tempo e a prática.

Outras maneiras pelas quais a TCC pode ajudar no TDAH:

- Lidar com emoções negativas.
- Rastrear e entender padrões comportamentais.
- Administrar o estresse.
- Reservar tempo para o autocuidado e a autorrealização (e encontrar maneiras de lutar por isso!).
- Mudar comportamentos autodestrutivos.
- Redefinir o viés negativo.

Para mim, a terapia foi especialmente útil na minha formação acadêmica como residente.

Aprendi habilidades que me ajudaram no gerenciamento do tempo, na motivação inconsistente e na regulação emocional. Compensou o estresse da residência, os inevitáveis níveis depressivos da derrota e a autodúvida circular.

Foi a peça crucial que finalmente bloqueou a parte do meu cérebro que atribuía culpa a todas as armadilhas do TDAH que tive.

Eu realmente sinto que a terapia, juntamente com o apoio amoroso dos diretores e colegas do meu programa, me levou a um lugar onde eu poderia reconstruir minha autoestima e me sentir inspirada a me especializar em pacientes com TDAH.

Leia um livro

A leitura é uma das coisas favoritas do cérebro há anos, mas você sabia que ela possui propriedades distintas que a tornam uma forma formidável de autocuidado?

Aqui estão alguns dos principais motivos pelos quais você deve satisfazer seu ávido leitor interior:

- **Estimula seu cérebro.** Manter o cérebro estimulado levará a maior clareza cognitiva, calma intrínseca e melhor regulação emocional.
- **Reduz o estresse.** Mergulhar totalmente em um texto pode distrair você terapeuticamente e ajudar a controlar o estresse de maneira saudável.
- **Fornece conhecimento.** Obter informações é sempre útil (e pode acontecer rapidamente se for algo em que você esteja naturalmente interessado).
- **Melhora a memória.** Criar novas recordações ajuda a criar novas sinapses (caminhos cerebrais) e fortalece os caminhos existentes. Isso faz com que seu cérebro dispare de maneira mais eficaz e confiável.
- **Permite que você se concentre por mais tempo.** Envolver-se no ato físico de ler as palavras e no ato cognitivo de processar o que você está lendo ajuda a manter o foco. Quanto mais você faz isso, mais longos esses períodos ficam!

Experimente dar uma olhada em uma livraria e encontrar algo que realmente interesse a você. Em seguida, tente ler por quinze minutos antes de dormir e veja se consegue acompanhar a história.

É verdade, você pode ter dificuldade em passar dos fluxos de alta dopamina do conteúdo chamativo da internet para a calma plácida das palavras em uma página, mas isso faz parte do processo.

Leva algum tempo para reconfigurar.

Crie arte

Houve um tempo na minha vida em que eu pintava quase todos os dias. Foi muito terapêutico para mim pegar todas as minhas tintas, escolher meus pincéis, misturar as cores para construir o tom perfeito e depois dar vida a uma criação na qual estive pensando o dia todo.

Para pessoas dotadas de criatividade isso pode ser extremamente restaurador.

A arteterapia utiliza desenho, escultura e pintura para aprimorar outras habilidades, como redução reflexiva do estresse, aumento da regulação emocional, impulsividade física mais controlada e atenção plena.

Criar arte talvez seja profundamente útil para aumentar a autoestima.

O conceito de criação de arte como forma de expressar emoções existe desde o início dos tempos, quer as pessoas tenham consciência disso ou não. Utilizamos atividade física e integração sensorial e traduzimos nossos estressores emocionais em obras de arte. À medida que continuamos a fazer isso, diferentes partes do nosso cérebro se iluminam com o envolvimento (memória de trabalho, lógica, atenção, detalhes visuoespaciais).

Processar simultaneamente um peso emocional enquanto cria algo inspirado libera dopamina, o que ajuda a levá-lo(a) ainda mais longe nesse caminho criativo. Logo após essa liberação ocorre maior relaxamento e redução dos níveis de estresse.

Talvez a coisa mais maravilhosa sobre a arte seja o fato de ela ser tão personalizada. Não existe uma forma correta de fazer isso. É apenas uma experiência.

Encontre uma maneira de se expressar que pareça autêntica e curativa para você!

Use a mídia social terapeuticamente

O envolvimento com o conteúdo de redes sociais pode aumentar a sensação de se estar conectado com outras pessoas, mas às vezes pode ser opressor, desgastante e estressante.

É fácil comparar sua autoestima com a forma como você se apresenta nas redes sociais e ainda mais fácil comparar-se com as fotos "perfeitas" de outras pessoas (falaremos mais sobre o *FoMO* depois!).

Vamos discutir como praticar um bom autocuidado quando se trata de mídias sociais.

- **Esteja atento ao hiperfoco** quando se trata de rolar o celular. Com o TDAH, pode ser fácil ser sugado por uma rolagem estúpida e perder a noção de *horas* em conteúdo que não lhe serve nem ajuda você a atingir seus objetivos. Você pode sair de uma farra de mídia social e não se lembrar de uma única postagem que tenha causado impacto. Esteja atento(a) a quem você segue e certifique-se de que o conteúdo agrega algo de valor à sua vida. E tente usar a função de limite de tempo do seu telefone celular em determinados aplicativos para reduzir o excesso de indulgência nas redes sociais.
- **As pessoas não são o que parecem nas redes sociais.** Uma maneira fácil de se sentir inadequado(a) é comparar-se a esses rostos perfeitamente filtrados e essas excursões sociais repletas de diversão. Essas são imagens e vídeos selecionados especificamente para parecerem tão emocionantes e glamorosos quanto possível. Lembre-se de que a comparação é a ladra da alegria e que as redes sociais não são a *vida real.*

- **Fique atento(a).** Quando você consome e cria conteúdo, é importante entender sua mentalidade. Quando você está rolando a tela, você sente ansiedade na boca do estômago? Você está com ciúmes? Com estresse? Com depressão? Pode parecer muito simples (em retrospecto) desligar o celular, mas se você não estiver atento(a) ao que está fazendo, continuará a agravar seu desconforto. Quando você está criando conteúdo, está fazendo isso porque é apaixonado(a) e engajado(a) ou porque deseja ganhar curtidas? Todas essas são motivações motrizes muito plausíveis das quais você talvez não esteja ciente.
- **Não desperdice sua energia com lixo.** Se alguém ou alguma coisa faz você sentir depressão, cansaço ou irritação, bloqueie, cancele a amizade, pare de seguir ou silencie. Bloqueie e/ou denuncie pessoas que postem conteúdo inapropriado ou prejudicial. Não há razão para permitir essas imagens ou mensagens em sua bolha privada de mídia social. Esse deve ser um espaço seguro para você.
- E se você ainda estiver sendo muito impactado(a), faça uma pausa nas redes sociais. Com todo o conteúdo emocionalmente exigente que existe, fazer uma pausa não requer outra explicação senão a de que "não estava servindo ao seu propósito".

Você pode se dar conta de que, sem a distração incessante das mídias sociais, está gastando mais tempo fazendo coisas que são mais emocionalmente gratificantes para você.

Ouça um *podcast*

Se a ideia de ouvir algo por uma hora o(a) faz fugir para as montanhas, então este tópico é para você. Porque é exatamente assim que eu me sentia em relação aos *podcasts*. Na verdade, nunca lhes dei uma chance porque a ideia de dar toda a minha atenção, voluntariamente, a algo, me parecia impossível.

Os *podcasts* são ótimos para pessoas com TDAH.

Você pode ouvi-los no seu próprio ritmo, sem precisar olhar para nada (uma pausa bem-vinda na hora de observar imagens em movimento rápido nas telas ou processar dados escritos). Pode pausar, retroceder e reproduzir coisas que perdeu. E pode deixá-lo ligado em segundo plano enquanto estiver limpando, tomando banho ou preso(a) no trânsito.

A qualidade de gravação dos *podcasts* geralmente é perfeita, então você não fica se concentrando em ruídos de fundo, apenas em uma única voz ou música de fundo suave. À medida que o *podcast* continua, você geralmente fica absorto(a) no material e se descobre capaz de manter seu foco até o fim.

Algumas pessoas acham que realizar uma tarefa monótona ou repetitiva (separar a roupa, desmontar caixas, descarregar a máquina de lavar louça) pode ser uma espécie de inquietação "controlada" e pode melhorar o foco e ajudar a iniciar a atenção de que você precisa para acompanhar algo como um *podcast*.

Se você tentar e ainda for difícil manter a atenção, faça ao mesmo tempo algo que seja ainda menos mentalmente ativador (brincar com uma faixa de cabelo no pulso ou acariciar um gato).

Faça seu próprio tempo

O TDAH pode afetar o seu tempo em muitas coisas.

É importante compreender que a pressão que as pessoas exercem sobre si mesmas para cumprirem prazos rigorosos para marcos pessoais pode ser tolerável para um cérebro neurotípico, mas, para pessoas que pensam de forma diferente, pode ser sufocante.

Pode reprimir o autodesenvolvimento e forçar você a precipitar-se em coisas para as quais não está preparado(a).

Aprender a ignorar a presença incômoda que impulsiona uma agenda urgente pode ajudar você a alcançar um crescimento real e autêntico.

A chave aqui é que você está tomando essas decisões importantes na vida por você e não porque aquilo é o que todo mundo está fazendo.

E veja, eu sei que não é fácil. Não é confortável ser aquele que se sente "deixado para trás" enquanto todos os outros avançam, mas também não é fácil sentir-se preso(a) em uma vida que não é a sua.

Se você está em um caminho menos percorrido, quero enfatizar a coragem necessária para assumir o controle de seu próprio caminho. Pode parecer mais fácil simplesmente seguir o fluxo, mas é preciso muita coragem para corrigir o curso quando você sente que esse caminho é limitante demais, permanente demais ou muito malprogramado.

O seu tempo é seu tempo.

Comece a escola tarde e termine quando estiver pronto(a), tenha filhos quando puder abrir espaço para cuidar de outros seres humanos ou viaje para onde seu coração o(a) levar. A velocidade e a ordem com que você faz as coisas fazem parte da *sua* jornada pessoal e não de qualquer outra pessoa.

Administre a síndrome do impostor

A síndrome do impostor é o fenômeno de duvidar de suas habilidades e se sentir uma fraude.

Envolve sentimentos de incompetência que persistem apesar de seu estado educacional, experiência e realizações. Para lidar com esses sentimentos você pode acabar trabalhando mais do que o necessário e mantendo-se em padrões impossíveis. E isso acontece muito em pessoas com TDAH.

Na base da síndrome do impostor está o conflito entre como você se percebe e como os outros percebem você.

Isso é amplificado no TDAH porque durante anos você pode ter ouvido que não estava fazendo o suficiente, ter ouvido que não estava tentando da maneira como deveria e sentiu que estava constantemente falhando. Devido a essa profunda dúvida, você pode atribuir seus sucessos ao bom momento e à sorte, em vez de habilidade, trabalho duro e talento.

Você pode ter trabalhado duro para encobrir os sintomas e manter partes de si mesmo(a) escondidas, o que o(a) deixa com medo de que as pessoas descubram o "verdadeiro você". Você pode se esforçar e ultrapassar seus limites para assumir uma *persona* perfeita para compensar suas deficiências percebidas e para reconciliar a sensação de que está "enganando" as pessoas.

O problema com isso é que se torna um ciclo vicioso.

Qualquer pequeno passo em falso reforça a sua crença na sua falta de inteligência e capacidade. Então você trabalha mais. Isso leva a mais erros, que podem gerar culpa, vergonha, ansiedade e depressão.

Você pode começar a interpretar esses sentimentos como uma confirmação positiva de que não merece estar onde está.

Aqui estão algumas estratégias para ajudar a resolver esses sentimentos contraditórios:

- **Reconheça seus sentimentos.** Uma das primeiras coisas que você pode fazer é reconhecer que existe a possibilidade de que o reconhecimento brilhante que você esteja recebendo não ocorre por simpatia ou pena, mas porque você fez um bom trabalho. Ao compreender que pode haver alguma validade no que as outras pessoas estão dizendo, você tira parte do peso de seus próprios sentimentos de fraude.
- **Utilize uma caixa de ressonância neutra.** É aí que um terapeuta pode ser muito útil. Compartilhe os fatos com alguém e permita que lhe forneçam algum contexto de uma perspectiva externa. Vocalizar seus medos para outra pessoa também pode ajudar você a reformular a situação.
- **Desafie esses pensamentos.** Esse pensamento é apoiado por fatos ou é um julgamento catastrófico gerado por um cérebro hiperativo? Procure por evidências concretas *versus* opiniões.

Seja o(a) líder de torcida do seu cérebro. Você pode realizar muito, e muitas vezes isso se deve à sua capacidade de pensar de maneira diferente!

Identifique a sensibilidade à rejeição

A rejeição real ou percebida é difícil para todos, mas pode ser paralisante para pessoas com TDAH.

Isso pode impedir você de progredir em ambientes acadêmicos, carreiras e relacionamentos. Algumas pessoas descrevem isso como uma sensação física de levar um "soco no estômago" ou de ter o ar expulso do peito. Seu corpo está tendo uma verdadeira resposta fisiológica à rejeição. Mesmo que isso não faça parte dos critérios diagnósticos de TDAH, a maioria das pessoas com esse transtorno apresenta alguma forma de disforia sensível à rejeição (DSR).

Aprender como identificar quando a DSR está acontecendo é vital, pois comumente pode ser confundida com um episódio de humor. Você pode experimentar alguns dos seguintes episódios:

- Você pode ter uma forte explosão emocional quando se sente rejeitado(a) ou criticado(a).
- Você pode ter ansiedade social.
- Você pode ter relacionamentos turbulentos e dificuldade em manter uma comunicação saudável.
- Você pode ter baixa autoestima.
- Você pode se sentir um fracasso.

A dificuldade no manejo da DSR é que os episódios podem acontecer de repente e ser muito intensos. Embora alguns dados sugiram que certos medicamentos podem ser úteis, você só conseguirá administrar as coisas aprendendo como lidar melhor com a rejeição.

É impossível evitar rejeição ou críticas, mas *é* possível administrar sua resposta para lidar com elas de forma mais amável.

Entenda e reconheça o hiperfoco

Hiperfoco é uma fixação intensa em um interesse ou atividade por um longo período de tempo. Essa preocupação geralmente acontece quando você está trabalhando em coisas que lhe interessam, e pode ser tão envolvente que você bloqueia o mundo ao seu redor.

Acredita-se que esse fenômeno resulte de baixos níveis de dopamina.

Devido a essa carência, é difícil abandonar algo em que você esteja engajado(a) para participar de uma tarefa menos estimulante.

O cérebro com TDAH é atraído por atividades que proporcionam gratificação instantânea.

O hiperfoco pode ser um recurso maravilhoso. Pessoas com essa habilidade às vezes conseguem canalizá-la para algo produtivo, o que lhes dá uma vantagem sobre pessoas cujo foco se dissolve em período muito mais curto. No entanto, também pode ter desvantagens.

Se o hiperfoco não for canalizado da maneira correta, pode levar ao fracasso acadêmico, à diminuição da produtividade e a relacionamentos tensos.

Entender e reconhecer seu hiperfoco costuma ser o primeiro passo. Depois de reconhecer que você pode entrar em hiperfoco, é vital usar dicas externas.

Alguns exemplos delas são definir alarmes, alertas de uso de tempo no computador e até mesmo pedir a um parceiro ou colega de trabalho para "tirar você dessa situação".

Então, se você já ouviu "Você não pode ter TDAH, porque você pode se concentrar por horas!", bem, isso é chamado de hiperfoco.

Pode ser maravilhoso ou altamente perturbador e, definitivamente, faz parte do TDAH.

Perceba e reconheça a sensação de exaustão

Quantas vezes você se sentiu sobrecarregado(a), mas não consegue articular exatamente o que está inclinando ou desequilibrando a balança?

Quantas vezes você sentiu que sua cabeça estava sendo empurrada para debaixo da água – sucumbindo ao peso de dez mil pequenas coisas?

O cérebro com TDAH não filtra informações ou estímulos com eficácia. Como resultado dessa inundação de informações e da organização aleatória de estímulos, é muito comum ficar sobrecarregado.

Certa vez, uma paciente me disse que está "constantemente pensando em todos os pensamentos", e isso realmente ressoou em mim. Que processo exaustivo é separar mal as ideias salientes e significativas de pensamentos que passam rapidamente. O resultado desse sistema quebrado é que você aloca tempo e energia semelhantes para *cada* pensamento, o que pode ser cognitivamente árduo e desgastante.

O cérebro hiperativo também pode desencadear uma forte reação emocional, que ativa o nosso sistema nervoso já excessivamente responsivo, o que resulta numa onda de sentimentos inadequadamente regulados. Quando você está nesse estado de resposta hiperemocional, seu lobo frontal (responsável pelo processamento racional) fica basicamente *offline*. Ele é reativado quando você desacelera um pouco, mas, naquele momento, a única maneira de prosseguir é você *sentir* o seu caminho, o que pode ser terrível.

Aqui estão algumas dicas sobre como controlar a maré esmagadora de estar sobrecarregado(a):

- **Observe como você *se sente* quando está sobrecarregado(a).** Você tem sintomas físicos? Dor de cabeça, cólicas estomacais, cansaço excessivo? Você tem alterações de humor? Irritabilidade ou sentindo como se estivesse prestes a chorar? Quando você reconhece seus sinais pessoais de estar sobrecarregado(a), pode lidar com as coisas antes de ficar incapacitado(a).

- **Faça uma pausa.** Afaste-se de tudo o que está lhe causado gatilhos e mude sua localização. Às vezes, a simples mudança de cenário como uma forma de se afastar de o que quer que seja que está lhe causando gatilhos (mesmo que não tenha certeza do que é!) pode levar você a um lugar mais racional.
- **Respire o momento.** Quando você está sobrecarregado(a), seu sistema nervoso avisa. De repente, tudo fica amplificado e caótico. A respiração profunda redefine esse núcleo e dá ao cérebro tempo e espaço suficientes para o lobo frontal se reativar.
- **Tente descobrir o que provocou esse sentimento.** Esta parte pode ser difícil porque, quando você está sob alta estimulação, pode ser difícil identificar variáveis. À medida que você fica mais atento(a) e sabe o que procurar, esse processo fica mais fácil.
- **Evite o jogo da culpa.** Não é sua *culpa* que você esteja sobrecarregado(a). Seu cérebro está programado para chegar a esse local muito mais rápido do que a pessoa neurotípica média. Isso não é uma falha moral. É exatamente o que você deve aprender e gerenciar para ter sucesso.

Acalme seu sistema nervoso

O sistema nervoso do TDAH é hiperexcitável e raramente está em repouso. Mesmo quando não está ativamente envolvido em pensamentos, seu sistema nervoso processa e tenta entender os estímulos externos. Ele é mais sensível a informações externas, mas as filtra mal, então você pode sentir que responde a *tudo*.

Os sons podem parecer mais altos do que o normal e podem até provocar repulsa e raiva. Texturas podem enlouquecer você e limitar o que você pode vestir. Certos cheiros que são fracos para todos os outros podem ser insuportáveis para você.

Pode ser exaustivo ter o seu mundo constantemente perturbado por coisas que nem sequer chegam ao radar neurotípico.

Aqui estão algumas maneiras de suprimir essa excitabilidade neural:

- **Encontre algum espaço.** Permita que seu cérebro tenha algum espaço para desescalar e se recalibrar. O objetivo é reduzir a estimulação e maximizar a oportunidade de relaxamento.
- **Adicione algum peso.** O peso, como o de um cobertor pesado, fornece informações ao cérebro, o que pode produzir um efeito calmante e organizador no sistema nervoso.
- **Coma um pouco de gordura.** Seu sistema nervoso está envolto em uma camada protetora composta principalmente de gorduras. Coma gorduras saudáveis para literalmente amortecer e fortalecer seus nervos em frangalhos.

Para pessoas com TDAH, aprender como acalmar conscientemente sua rede neural caótica pode levar a um melhor controle sintomático e a uma maior sensação de bem-estar.

Vá para a natureza

Pessoas que passam mais tempo na natureza têm maior capacidade de prestar atenção e níveis mais baixos de estresse e ansiedade.

Pesquisas mostram que quanto maior a exposição à natureza, maior será a sua atenção.

Penso que, para compreender por que a natureza é tão restauradora, devemos compreender a alternativa. Nosso cenário atual é extremamente estimulante. Sua atenção é constantemente atraída para outro lugar, e é muito difícil envolver-se plena e conscientemente em algo sem sentir que está ignorando algo que precisa mais de sua atenção.

Vivemos neste estado crônico de luta para manter a atenção.

Acabamos por exaurir os recursos do nosso cérebro e nos sentimos cansados(as) e esgotados(as). O cérebro precisa de tempo para se recalibrar e "reiniciar", e é *isso* que estar ao ar livre pode proporcionar.

Pessoas que passam parte do tempo na natureza tendem a observar uma diminuição nos desafios de memória de curto prazo, hiperatividade e desregulação emocional. Sua capacidade de iniciar e manter o foco melhora. Parte do benefício pode ser devido aos compostos orgânicos liberados pelas plantas, que reduzem a pressão arterial, regulam a atividade autonômica e estimulam o funcionamento imunológico, e tudo isso pode impactar o funcionamento do cérebro.

Não estou sugerindo que você faça as malas e passe uma semana acampando no Parque de Yosemite, mas fazer pequenas mudanças para incorporar mais natureza pode valer a pena.

Configure sua mesa para que possa ver as árvores do lado de fora, vá para casa pela rota mais panorâmica ou faça uma curta caminhada ao ar livre antes de iniciar algo que exija foco.

Encontre o humor no TDAH

Adoro pintar, mas odeio limpar.

Remover tintas a óleo é uma provação *enorme*, e quase sempre deixo de lado minhas tintas com promessas de que limparei tudo no dia seguinte.

Um dia, Pearl, meu gato Himalaio de pelo comprido, meteu-se nas tintas. Eu deveria começar esta história com o fato de que meus pais amavam aquele gato tanto quanto seus próprios filhos, então Pearl era tratado como uma realeza legítima em nossa casa.

Fiquei horrorizada ao encontrá-lo orgulhosamente sentado diretamente em cima da minha paleta muito molhada. Fiquei ainda mais horrorizada quando não consegui removê-lo da paleta porque a tinta havia secado em seu pelo.

Em total pânico, liguei para nosso veterinário, que, relutante, concordou em que o tosador ficasse disponível para ajudar. Coloquei Pearl em seu carrinho (ainda firmemente fixado em minha paleta) e corri para levá-lo ao tosador antes que meus pais voltassem para casa. Andei de um lado para o outro nervosamente até que o técnico me entregou Pearl em sua caixa de transporte para gatos. Acho que nem agradeci (muito menos deixei que ele dissesse uma palavra), na pressa de voltar para casa.

Quando cheguei lá, minha mãe já estava em casa. Ela perguntou por que Pearl estava em sua caixa transportadora e eu respondi que o tratei como um mimo. Ela ficou encantada. Eu fiquei encantada. Só quando ela abriu a maleta e gritou é que descobri o que havia acontecido.

Pearl estava *totalmente* raspado, exceto pela cabecinha idiota. Até o pobre Pearl sabia que ele parecia estúpido e ficou furioso com isso.

Essa terrível cadeia de eventos foi marcada por pontos de colapso de TDAH. A maneira como geralmente lido com esses momentos inevitáveis é com *humor*.

O humor é um agente protetor essencial contra o diálogo interno negativo e ajuda você a obter mais controle da narrativa.

Gastamos uma parte tão significativa das nossas vidas lidando com o estigma destrutivo e a desvalorização que acompanham o TDAH, que ser capaz de reformular seus pensamentos e palavras em torno de seus sintomas pode ser mais benéfico do que você pensa.

Ser capaz de rir dos seus erros pode ser importante para ajudar a manter as coisas em perspectiva e reduzir a culpa e a vergonha de cometer erros.

Para adultos com TDAH que reagem com sensibilidade à rejeição e frustração crônica, essa também pode ser uma forma de desviar alguns desses sentimentos desagradáveis.

Este tipo de enfrentamento saudável em torno de áreas sensíveis também pode levar à resiliência emocional, o que aumenta a probabilidade de você enfrentar desafios e lidar melhor com os contratempos.

Bem, isso não é um convite para ser autodepreciativo(a), mas se você quer aliviar as coisas, conte algumas piadas, siga alguns relatos humorísticos *online* ou apenas reserve um momento para encontrar alguma comédia em sua atual situação.

Tire uma soneca

Há muitos benefícios em tirar uma soneca, mas há potencialmente ainda mais efeitos positivos para pessoas com TDAH.

Fazer uma breve pausa na rotina diária pode ser reconfortante, mas você sabia que também pode melhorar a função cognitiva? Acelerar o tempo de reação? Ajudar na resolução de problemas?

Vários estudos analisaram a correlação entre sonecas e habilidades aprimoradas de funções executivas. Mesmo uma soneca curta pode ajudar a eliminar a sonolência e a fadiga e servir para revigorar você. Apenas fazer aquela pausa neural no processamento de estímulos externos pode equipá-lo(a) melhor para aprender novas tarefas e guardar coisas na memória de forma mais eficaz.

Mas, além dos impactos cognitivos, a soneca também pode ajudar na regulação emocional. Pesquisas têm demonstrado que as pessoas têm um limiar mais elevado para a frustração e tendem a ser menos impulsivas depois de uma soneca.

No entanto, nem todas as sonecas são iguais. A duração da soneca é fundamental para seu valor terapêutico: se for curta demais, você não se sentirá revigorado(a); se for longa demais, você mergulhará em estágios mais profundos de sono, dos quais será mais difícil despertar ou que afetarão seu ciclo de sono noturno.

O número mágico está entre quinze e trinta minutos.

Essa não é uma exigência diária, mas em alguns dias (talvez durante aquela crise do meio da tarde?), se você estiver tendo dificuldade para ser produtivo(a), talvez possa usar esse tempo para tirar uma soneca!

E se você é uma daquelas pessoas que simplesmente não conseguem tirar uma soneca durante o dia, tudo bem também. Você não precisa fazer uma sesta para estar nessa festa.

Use distração terapêutica

Grande parte deste livro é sobre como evitar distrações, mas, e se eu lhe dissesse que existe uma maneira de usar a distração *terapeuticamente*?

A utilização intencional da distração pode ser uma ferramenta poderosa para ajudar você a lidar com emoções que sejam grandes demais para serem processadas no momento. Quando os cérebros com TDAH estão enfrentando problemas de regulação emocional, às vezes precisamos nos distrair como forma de autocuidado.

Você inconscientemente faz isso o tempo todo. Quando você é levado(a) a uma sensação intensa de angústia, busca maneiras de diminuir a escalada. Aí reside uma distinção: O que é uma distração negativa *versus* uma distração terapêutica? Com frequência, as pessoas tentam se acalmar e se distrair com o uso de álcool e drogas, o que pode fazer com que as coisas pareçam melhores por um tempo, mas depois, inevitavelmente, causa sentimentos de instabilidade e vergonha.

Uma distração terapêutica é algo que pode nos manter regulados(as) no momento e prevenir comportamentos prejudiciais à saúde. É uma medida temporária até que você esteja em uma posição mais equilibrada para processar e gerenciar dados emocionais esmagadores. Não é uma forma de escapar ou evitar sentir alguma coisa; em vez disso, a distração terapêutica lhe dá controle sobre uma situação até que haja um momento melhor para enfrentá-la, o que quase sempre produz melhores resultados.

Da próxima vez que algo deixar seu cérebro em parafuso, distraia-se de uma maneira saudável até que possa lidar com aquilo de forma mais lógica. Limpe sua geladeira, cancele a assinatura de e-mails ou escolha seu próximo programa de TV viciante.

Pela primeira vez você pode ficar agradecido(a) por sua capacidade de se distrair!

Aceite que você pensa diferente

Nossos cérebros estão programados de forma diferente dos cérebros neurotípicos. Podemos ser criticados por sermos inconstantes, ineficazes, ineficientes e até preguiçosos, mas também elogiados por sermos criativos, espontâneos, enérgicos e engenhosos.

Aprender a aceitar as nuanças dos seus sintomas de TDAH e compreender que existe uma base neurobiológica para essas diferenças podem ser duas das coisas mais importantes a fazer nesta viagem em direção à autoaceitação.

O principal obstáculo para compreender e gerir o TDAH é tentar forçar o seu cérebro a se ajustar a um mundo que não foi construído para acomodar a neurodivergência. Você ouve que deve assimilar essa cultura dominante, mas é fadado(a) para o fracasso, porque o seu cérebro não está preparado para florescer nessas circunstâncias.

Só quando você aceita que pensa de forma *diferente* é que consegue atingir o seu potencial máximo.

Para começar, o nosso entendimento do mundo é completamente diferente do entendimento de uma pessoa neurotípica. Temos dificuldade em entender o conceito de passado, presente e futuro e, como resultado, é difícil aprender com os erros do passado ou planejar as consequências do futuro.

As pessoas com TDAH têm um sentido de urgência desenfreado em relação a tudo, porque se o caso não for resolvido imediatamente, é provável que seja esquecido ou perdido. Em vez de sermos capazes de estabelecer prioridades com base na importância, começamos as tarefas a partir do que é mais fácil ou mais imediatamente envolvente, tornando assim o resto do processo complicado e, por vezes, redundante. É por isso que pode ser difícil começar, continuar e concluir tarefas sem ficar totalmente sobrecarregado(a).

A forma como processamos os dados externos e os interpretamos internamente também é muito diferente.

As pessoas com TDAH tendem a sentir as coisas de forma mais profunda e apaixonada, o que pode levar a respostas emocionais mais fortes.

Embora uma pessoa com TDAH possa prosperar em um ambiente caótico porque pode processar dados rapidamente, ela pode achar que situações mais calmas são opressivas.

Espera-se que tenhamos um desempenho e autorregulação com muito pouca consciência de nossos maneirismos, ações e comportamentos. É difícil avaliar como estamos nos saindo pessoalmente, como estamos afetando os outros e quais são as consequências subsequentes.

As pessoas podem interpretar isso como egocêntrico ou irrefletido porque não estamos processando adequadamente seus sinais sociais e nuanças emocionais sutis. O problema é devido a um ciclo de *feedback* interrompido. Não conseguimos ver o que está acontecendo em tempo real, portanto não podemos corrigir o comportamento.

Se o problema não for corrigido, ele é reforçado, mas dessa vez com uma camada adicional de desconforto e receio porque não sabemos se estamos destinados a repetir o erro. Isso confirma ainda mais a sensibilidade à rejeição que muitos de nós sentimos.

Apesar dessas diferenças, merecemos comemorar os aspectos positivos.

Nossa natureza efervescente nos concede certa latitude que talvez outras pessoas não tenham. Nosso cérebro nos permite estar na vanguarda do pensamento inovador, e nossa determinação inabalável nos impulsiona em direção à linha de chegada.

Talvez nunca tenhamos sido feitos para nos ajustarmos a esse molde e, em vez disso, devêssemos criar o nosso próprio.

Desligue-se da tecnologia

Desde o momento em que acordamos, somos bombardeados por estímulos tecnológicos. Nossa vida é um fluxo frenético de tela em tela, com *pings* e notificações interrompendo qualquer período de atenção que possamos iniciar.

Ficamos reféns da ideia de que essa próxima notificação poderia ser de grande importância e, por isso, quebramos nosso foco em atualizações sem sentido nas redes sociais.

Pessoalmente, sem meu celular, *laptop* ou *iPad*, sinto que é muito difícil manter a funcionalidade básica.

Não é um pensamento triste? Agora estamos presos a dispositivos que tornam quase impossível nos desligarmos. Sucumbimos voluntariamente a esta barragem de informações e estímulos porque acreditamos que não há alternativa.

A questão é que nossos cérebros não estão programados para manter isso. As partes do nosso cérebro dedicadas a classificar esta avalanche de informações são menos competentes do que deveriam ser, e por isso é difícil discernir o que é importante ou não. Assim, utilizamos todo o nosso "combustível" e recursos vasculhando bobagens, em vez de gastá-los em funções que valem a pena.

Então, como você conserta isso? Você desconecta.

Não precisa ser imediatamente ou tudo ou nada. Como etapa introdutória, delegue suas atividades digitais em determinados horários, em vez de deixá-las fluir durante todo o seu dia. À medida que você se afasta dessa conectividade constante, você pode perceber quanto tempo e energia mental foram gastos para participar dela de forma tão habitual.

Preencha esse tempo desconectado com *hobbies*, entes queridos e cultivando a criatividade.

Mime-se diariamente

Aprender a "mimar-se" é um princípio terapêutico brilhante.

A premissa é que uma "gratificação" não precisa ser merecida ou explicada. É a concessão de um pequeno prazer só porque você o deseja. Ao aprender a oferecer essas modestas indulgências, você aumenta a crença de que é digno de coisas boas. Isso enche seu balde de dopamina e ajuda você a sentir satisfação em sua jornada.

Quanto mais você aprende a dar a si mesmo(a), mais poderá exigir de si próprio(a) em troca.

Em total contraste, em uma vida sem essas indulgências intermitentes, as pessoas podem sentir-se arrastadas, desvalorizadas e esgotadas. Podem sentir que não merecem fazer uma pausa ou ter algo de que gostem porque não *mereceram*. Como resultado, ficam tão esgotadas que procuram por qualquer coisa em busca de conforto, o que muitas vezes significa fracas capacidades de lidar com a situação e hábitos desfeitos.

Para quem luta contra a impulsividade em primeiro lugar, pode ser ainda mais difícil voltar aos trilhos depois de sair do caminho.

Gratificar-se não precisa envolver um grande empreendimento financeiro ou algo que exija significativo grau de reflexão no futuro. Pode ser fazer uma pausa para olhar fotografias no seu celular, comprar frutas no mercado de um produtor, tirar uma soneca depois do almoço, ou ler fofocas sobre celebridades em um local quente e ensolarado.

Encontre algum tempo em um dia cheio de rigores e responsabilidades para *realmente* gratificar-se.

Espere quedas depois das subidas

Quando você realiza algo que exige uma quantidade significativa de sangue, suor e lágrimas, a explosão de felicidade parece eufórica. Pura felicidade e celebração.

É um lugar *tão* bom para se estar. Você pensaria que a consequência lógica seria sentir alívio e recarregar as energias para o seu próximo projeto? Errado.

Nossos cérebros ficam confusos com essa inundação de dopamina que vem com boas notícias e ficam *famintos* por mais, quando ela acaba. É quase como se sofrêssemos uma abstinência após esse período e agora nos sentimos incompletos, inquietos e ansiosos.

Você também pode sentir alguma ansiedade apenas pelo fato de ter sentido uma felicidade tão profunda.

Pode ter sido um desvio tão grande de sua linha de base que seu cérebro imediatamente interpretou que agora algo está errado. Você pode estar tão convencido(a) de que algo está errado (talvez no passado coisas ruins aconteceram quando você estava indo bem), que passa o tempo esperando o revertério, em vez de aproveitar o momento.

Então, como você gerencia esses pontos baixos?

Primeiro, entenda que esse pode ser o seu padrão. Reconhecendo que você pode ter uma baixa após uma alta, você remove o elemento surpresa e processa as coisas de maneira mais eficaz. Também pode ser benéfico reformular os fatos dizendo a si mesmo(a) algo como "Você não se sente deprimido(a) porque algo está errado, você se sente deprimido(a) porque algo ótimo aconteceu e seu cérebro está se recuperando".

Independentemente dos pontos baixos, reserve um tempo e saboreie esses momentos altos maravilhosos!

4

Autocuidado social

Os seres humanos precisam de interação social. Por isso que é vital priorizar atividades que nutrem nossos relacionamentos com os outros.

Pessoas com TDAH tendem a seguir um caminho ou outro: ou sobrecarregam sua agenda com compromissos sociais, e então se esgotam, ou se sentem sobrecarregadas, e então precisam se isolar socialmente.

A chave para encontrar o equilíbrio é você se envolver em autocuidado social, para que possa se sentir realizado(a) sem se sentir sobrecarregado(a).

O autocuidado social envolve atividades que nutrem relacionamentos sociais. Seja por meio de voluntariado, participação em *hobbies* ou apenas aprendendo a se comunicar verdadeiramente com seus entes queridos, existem muitas formas de abordagens para interagir com os outros de modo que apoiem você.

Neste capítulo, a maioria das ideias é construída em torno de como cuidar dessas redes sociais no contexto dos desafios únicos que o TDAH apresenta. Alguns exemplos incluem aprender como se conectar com os outros de uma forma significativa, como se desligar de relacionamentos que podem não servir a você, e como se revigorar pelo poder da comunidade.

Muitas vezes consideramos a interação social como algo que nos "permitimos" depois de concluirmos nossas responsabilidades. No entanto, talvez precisemos reformular isso.

Ao encontrar uma maneira de incluir terapeuticamente o autocuidado social, nos colocamos em posição de poder atingir nossos objetivos de forma mais eficaz, completa e com maior satisfação.

Encontre uma comunidade semelhante a você

Uma das coisas mais difíceis no enfrentamento do TDAH é conciliar a sensação de ser a "única pessoa no mundo a sentir-se assim".

Você não está só. O que está experimentando é legítimo e difícil, e muitas vezes o que você mais precisa é apenas a validação de que este caos neural é uma experiência compartilhada.

Uma das razões pelas quais entrei nas redes sociais foi para encontrar um lar. Queria encontrar uma comunidade e o apoio de pessoas que vivessem as mesmas coisas pelas quais eu passava. Fiquei maravilhada.

A comunidade TDAH é incrivelmente poderosa e me proporcionou um local muito feliz e seguro para aprender e compartilhar.

Compartilhar suas experiências com outros adultos com TDAH pode cortar o isolamento e dar a você esperança de que pode ter sucesso com este diagnóstico. E aqui está a grande vantagem das comunidades online: podem ser tão personalizadas quanto você quiser.

Você pode encontrar páginas de redes sociais, grupos ou fóruns que discutem temas gerais ou que se dedicam a tópicos específicos. Existem apoios especializados para pessoas que estão lutando para encontrar um nome para os seus sintomas, pessoas que não têm acesso a um médico e estão tentando fazer modificações comportamentais, pessoas que procuram o passo seguinte depois de reconhecerem sinais nos seus filhos e muito mais.

Existem até eventos presenciais que podem ajudar a fornecer apoio com base nas suas necessidades específicas. Programas como o Children and Adults with Attention-Deficit/Hyperactivity Disorder [Crianças e adultos com transtorno de déficit de atenção com hiperatividade] (CHADD) patrocinam redes regionais e eventos educacionais. Escolas e faculdades também podem fornecer uma grande quantidade de informações sobre grupos, reuniões e outras oportunidades em rede.

E se não houver nenhum, crie um!

Existe uma necessidade tão grande de apoio e um desejo subjacente de "encontrar sua turma" que qualquer grupo que você inicie crescerá rapidamente e será um grande bem para a comunidade.

Passe tempo com um animal de estimação

Tenho dois gatos, Hazel e Daphne, e eles são os animais mais leais, amorosos e emocionalmente intuitivos do mundo. Digo às pessoas que adotá-los acalmou minha vida. Deixe-me dizer o porquê.

Pessoas com TDAH têm muita dificuldade intrínseca em administrar seu tempo, permanecer organizadas e se sentem sobrecarregadas.

Animais de estimação podem ajudar você a criar alguma estrutura em sua agenda. Eles comem regularmente, esperam caminhadas em horários determinados e precisam de certos privilégios de higiene. Incorporar esses novos parâmetros torna você mais intimamente ciente do tempo e ligado(a) a uma agenda.

O TDAH também costuma se apresentar como dificuldade em manter o foco e hiperatividade. As pessoas às vezes podem lutar contra agitação e inquietação. Ter um animal de estimação incentiva você a sair e gastar um pouco dessa energia com eles. A principal razão pela qual quase sempre apoio ter um animal de estimação é que a quantidade de amor e apoio emocional que você recebe de um animal de estimação é incomparável. Enfrentar o TDAH pode fazer você se sentir isolado(a).

Lidar com anos de frustração por ser receptáculo de rejeição e críticas repetidas pode ferir gravemente sua autoestima. Os animais de estimação não se importam com nuanças, ou como você se saiu no trabalho, ou se você foi um pouco estranho(a) em uma reunião.

Eles simplesmente amam você. Não consigo pensar em nada mais saudável.

Ter um animal de estimação não é algo que você deve empreender até que esteja pronto(a) para fornecer um bom lar a esse animal. No entanto, se o momento for certo, um animal de estimação pode ser um acréscimo maravilhoso à sua vida.

Desconstrua mitos do TDAH

Gostaria que o TDAH fosse mais bem compreendido em nosso mundo. O problema não é a falta de informação, mas sim a quantidade esmagadora de desinformação.

Ao discutir o TDAH com amigos e familiares, às vezes nos deparamos com a questão de como lidar com essas imprecisões de uma forma gentil e não conflituosa. Nosso objetivo é nos sentirmos mais bem compreendidos ao usar informações baseadas em evidências para fortalecer nossos relacionamentos.

Aqui estão alguns mitos comuns e algumas frases de efeito que podem neutralizá-los:

- **Mito 1: "O TDAH não é real".** Fato: Os Institutos Nacionais de Saúde, os Centros de Controle e Prevenção de Doenças e a Associação Psiquiátrica Americana, todos reconhecem o TDAH como uma condição médica. É uma das condições mais frequentes na infância, e a maioria das pessoas não a supera.
- **Mito 2: "Pessoas com TDAH não conseguem se concentrar".** Fato: O TDAH é mais um problema de regulação do foco do que um déficit de foco. Se as pessoas com TDAH estão naturalmente engajadas e interessadas em algo, elas podem se concentrar nisso tão intensamente que o resto do mundo desaparece (hiperfoco).
- **Mito 3: "Você só precisa se esforçar mais".** Fato: TDAH não é um problema inerente de motivação ou preguiça. Pessoas com TDAH não podem voluntariamente anular seus sintomas por pura força de vontade. Isso é o equivalente a dizer a alguém com óculos para simplesmente "ver melhor".

Aprenda a lidar com o conflito

Só para constar, não sou a melhor em lidar com conflitos.

Infelizmente, meu cérebro superestimulado às vezes responde de forma errática ou irrefletida, e então passo o resto do confronto tentando descobrir como corrigi-lo. Geralmente, quando estou enfrentando algo emocionalmente desgastante, tenho tendência a responder emocionalmente, impulsivamente ou nem responder. Como você deve ter adivinhado, essas não são as estratégias mais eficazes. Aqui estão algumas dicas mais construtivas para lidar com um conflito:

- **Pergunte se este é um bom momento para conversar.** Esta abordagem considera a situação e a energia mental da outra pessoa. Se ela disser que não é uma boa hora, respeite isso e pergunte se outro momento seria melhor.
- **Declare seu problema de forma não crítica.** É melhor estar calmo(a), não ameaçador(a) e emocionalmente neutro(a). Pratique algumas vezes até se sentir confortável com suas palavras, pois isso pode definir o tom da conversa.
- **Pratique a escuta ativa.** Pessoas com TDAH tendem a interromper e responder impulsivamente, e isso pode ser mais intenso em momentos de sobrecarga emocional. Monopolizar a conversa não vai resolver o problema e pode favorecer a narrativa de que você não está disposto(a) a ouvir.
- **Preste atenção ao seu tom de voz.** Isso é importante porque, quando está lidando com "inundação" emocional, você pode tender a levantar a voz ou falar mais rápido, pois está sendo alvo de superestimulação. Isso é problemático porque sinaliza para a outra pessoa que esta é uma forma de escalada, e isso começa a afastar uma conclusão mais lógica.
- **Faça declarações em primeira pessoa.** Falar de sua própria experiência e explicar seu próprio estado emocional é sempre preferível a fazer declarações usando "você", porque elas podem soar acusatórias e não válidas.

A maioria das pessoas tem dificuldade para resolver conflitos, mas aquelas com TDAH são particularmente impactadas por isso, porque pode ser difícil processar nossas próprias emoções, quanto mais as dos outros. Como resultado, podemos não estar cientes da escalada do conflito até que ele se torne uma crise. Ou então podemos interpretar mal o que está acontecendo e sentir que é responsabilidade da outra pessoa resolver a desconexão.

Se você se identifica com isso, o mais importante pode ser reconhecer quando começa a ficar sobrecarregado(a). Estou (lentamente) chegando ao ponto em que, se sei que não serei capaz de lidar bem com o conflito, pergunto se posso fazer uma pausa para "processar". Em geral, meu cérebro para de girar fora de controle e então posso responder racionalmente.

Como você costuma lidar com o conflito: lutar ou fugir?

Ajude a educar os outros sobre o TDAH

Há cerca de dez milhões de pessoas nos Estados Unidos com TDAH – e a maioria da população adulta com TDAH não sabe que tem!

Apesar desse número surpreendente, há muitas informações enganosas sobre esse diagnóstico. Essa foi a razão inicial pela qual entrei nas mídias sociais: para fortalecer a luta contra o estigma do TDAH, mas também para oferecer um local seguro na internet onde as pessoas pudessem acessar informações médicas sólidas.

Usar essas plataformas ou outras arenas para quebrar o estigma e educar é importante. Precisamos de mais pessoas para reforçar que o TDAH não é apenas real; também é tratável. Precisamos educar as pessoas sobre o fato de que o gerenciamento é diferente para cada pessoa e que aprender a utilizar o autocuidado e a autocompaixão é vital.

Ser uma geradora de conteúdo nas mídias sociais não é algo que eu já havia considerado antes de um ano atrás. Agora, como estou completamente imersa nisso, reconheço o valor de fornecer informações baseadas em pesquisas e orientadas por dados, de uma maneira palatável e envolvente. Estou mais ciente dos equívocos e medos sobre o TDAH, a controvérsia em torno dele, as limitações da busca por tratamento e as preocupações com a estigmatização.

Acredito fortemente que este é o caminho para aqueles que buscam atingir uma população antes obscurecida. Poderia fornecer a eles sua primeira exposição a informações significativas, o que poderia então levar ao diagnóstico e tratamento.

Se você entrar nas redes sociais, procure-me em @thepsychdoctormd.

Dê um tempo entre compromissos para se recalibrar

Não acho que haja nada pior do que quando seu cérebro fica "estagnado" – aquela sensação inescapável de seu circuito mental dando voltas lentas, mas incapaz de chegar a uma solução razoável.

É um sentimento bem conhecido e universalmente desprezado, e geralmente é o resultado de ficar sem combustível.

Seu cérebro precisa de tempo para descansar e se recarregar. Reservar um tempo para se recalibrar entre compromissos dá chance para processar dados de forma relaxada, permitindo assim que você entre em seu próximo desafio com uma maior capacidade de foco.

Conforme você se descomprime silenciosamente entre eventos, seu cérebro muda para um modo de menor consumo, e todos aqueles pensamentos e informações estranhas podem se resolver em vez de aparecerem mais tarde como uma distração malcronometrada.

Quando não estou ciente do que meu cérebro precisa, tendo a me comprometer demais. Preencho minha agenda com compromissos consecutivos que exigem diferentes conjuntos de habilidades, perfis de pensamento e nuanças sociais. Gasto uma quantidade significativa de poder neural na transição de um evento para outro. Geralmente não me dou algum tempo sem atividades e só percebo que há um problema quando já estou presa naquele temido estado de estagnação.

Seja proativo(a) na próxima vez que se deparar com uma agenda agitada e de nível cognitivo exigente. Faça dessas pequenas pausas uma prioridade. Isso garantirá que você realize suas tarefas com maior atenção e permitirá que você dedique sua energia mental às coisas de que gosta, em vez de gastar seu tempo afastando pensamentos que não lhe servem no momento.

Reduza o FoMO

FoMO significa "*Fear of Missing Out*", ou seja, "medo de ficar de fora". Ele envolve dois processos: a percepção de estar perdendo algo ao ficar de fora, seguida por comportamentos compulsivos para manter conexões sociais.

As pessoas têm especulado que o *FoMO* decorre da necessidade intrínseca de pertencer. O *FoMO* também foi considerado como a causa de experiências de vida mais negativas (como sono ruim, maior ansiedade e sensação de falta de controle emocional).

Em geral, isso parece problemático, mas imagine o *FoMO* em uma população de pessoas que já estão programadas para serem *sensíveis à rejeição*? É um desastre.

É razoável especular que pessoas com TDAH são mais vulneráveis ao *FoMO*. Também é cada vez mais difícil processar esse fenômeno, pois já temos problemas com autoavaliação, automonitoramento e capacidade de interpretar o impacto de situações sociais.

Mas, o que você pode fazer? Quando o *FoMO* aparecer, lembre-se destas cinco dicas:

- **Vá mais devagar.** Os cérebros com TDAH já são programados para "voar" muito mais rápido do que o cérebro médio. Aprenda a conscientemente fazer as coisas no seu próprio ritmo, para que você não esteja apenas vivendo sempre em busca da próxima atividade.
- **Você não pode ter tudo.** Aprender a priorizar suas necessidades ou desejos ajuda a decidir quais deixar de lado para que possa dar foco e energia apropriados para aquelas coisas que são de fato significativas para você.
- **Entenda o que é importante.** Aprender a separar o que você quer do que você precisa é difícil, especialmente se seu cérebro está gritando para você escolher a opção de gratificação imediata.
- **Faça uma coisa de cada vez.** A multitarefa não funciona. Quando as pessoas tentam se dedicar a muitas tarefas ao mesmo tempo, elas têm dificuldade em ser eficazes na conclusão dos trabalhos. Quando estão focadas em uma única tarefa não só têm mais probabilidade de ter sucesso, como seu nível de prazer e realização ao executá-las também é muito maior.
- **Pratique a gratidão.** Ao fazer isso, você aprecia mais profundamente aquilo que tem, em vez de se concentrar no que lhe falta. E se estiver procurando dicas sobre como fazer isso, vá para o tópico "Descubra aquilo pelo que você tem gratidão" deste trabalho.

O *FoMO* é estranho e real, mas aprender a apreciar sua experiência atual, em vez de desejar aquelas que você está perdendo, pode promover um senso maior de satisfação pessoal. Um brinde a viver sua melhor vida – independentemente do que qualquer outra pessoa esteja fazendo!

Cuidado com as interrupções

O esforço para interromper é real para pessoas com TDAH. Em vez de ouvir ativamente uma história, meu cérebro está pegando fogo porque estou explodindo com a urgência de algo que "precisa" ser dito. E não para por aí. Assim que começo, solto um longo discurso, que não permite que a outra pessoa interfira com uma única palavra.

Para pessoas com TDAH, interromper o outro geralmente não é um ato proposital, mas sim uma falha intrincada de vários pontos de controle de regulação. Podemos achar difícil formar um pensamento e não o expressar imediatamente devido ao medo de perdermos o pensamento enquanto tentamos acompanhar a conversa.

Sinceramente, eu queria ser uma pessoa aclamada como boa ouvinte e capaz de me envolver em uma generosa conversa de mão dupla. O problema é que fico *tão* animada com o que você está dizendo, e ansiosa para mostrar que estou compreendendo, que me desregulo. Não é que eu esteja tentando calá-lo(a) ou mantê-lo(a) quieto(a); eu só quero desesperadamente fazer parte da conversa e, às vezes, meu cérebro falha em fazer isso delicadamente.

Com frequência, pessoas com TDAH são consideradas rudes ou egocêntricas por causa desse fenômeno infeliz. Estar ciente disso pode ajudar em situações sociais ou evitar danos em relacionamentos.

Minha dica: quando você sentir aquela vontade irresistível de interromper com uma observação pessoal, faça uma pergunta complementar sobre a história contada pela outra pessoa.

Administre o TMI

Aquela sensação aflitiva de que você não pode "retirar o que disse". A mudança imediata da energia na sala. As repercussões inevitáveis e o repentino e indesejado excesso de familiaridade. Parece familiar?

O compartilhamento excessivo, ou *TMI* (sigla para "*too much information*", ou excesso de informação), pode ocorrer por causa da impulsividade, um estado emocional avassalador ou o desejo de se relacionar com uma situação.

A desvantagem disso é que às vezes as pessoas podem se arrepender de compartilhar esses detalhes excessivamente pessoais e então se sentirem envergonhadas ou vulneráveis. Embora a medicação possa ajudar a desacelerar seu cérebro acelerado, o que mais ajuda é reconhecer seus próprios padrões.

Aqui estão algumas coisas para ter em mente:

- **Não se apresse em compartilhar informações pessoais**. Você pode se sentir compelido(a) a participar do diálogo com uma história excessivamente pessoal, mas pode ser difícil perceber onde traçar o ponto-limite. Se você for capaz de pensar antes de compartilhar, pode se perguntar: Você ficaria bem com essa pessoa contando sua história a todos os outros na sala?
- **Se você for excessivamente emocional, dê a si mesmo(a) um tempo para se acalmar.** Com frequência, um dilúvio verbal é precedido por um estado em que seu lobo frontal (encarregado do julgamento) é simplesmente inundado com estímulos emocionais e não consegue processar os pensamentos apropriadamente.

- **Evite fofocas.** Esta é difícil porque a fofoca geralmente é estimulante, mas nessas situações você tende a ficar superexcitado(a), compartilhar demais e, mais do que tudo, provavelmente, prejudicar relacionamentos, ou, no mínimo, ferir alguns sentimentos.

Descarte pessoas tóxicas

Como as pessoas com TDAH são mais vulneráveis ao abuso emocional e ao *gaslighting* (um tipo de manipulação psicológica que pretende levar a vítima a duvidar de sua própria sanidade mental), é da maior importância que você identifique pessoas tóxicas e então tome as medidas para se afastar delas.

Se o(a) tratam mal de forma aberta e visível, pode ficar evidente quem não é saudável para você, mas há outras pessoas que são tóxicas de maneiras muito menos perceptíveis. Elas podem fazer sua autoestima despencar e levar você a agir por mecanismos prejudiciais. Podem ser silenciosamente manipuladoras e coagir você a tomar decisões com as quais você se sente desconfortável. Podem atiçar o caos em sua vida de forma dissimulada e convencer você de que isso é consequência do seu TDAH.

Uma das coisas mais confusas sobre esses padrões tóxicos é que você pode realmente acreditar que essa pessoa tem os seus melhores interesses em mente. Talvez tenha, mas se o resultado for o sofrimento de autoestima, então não vale a "intenção".

Você não pode controlar como as outras pessoas agem, mas pode se afastar, ir embora se não for tratado(a) da maneira que deveria ser. Aqui estão algumas maneiras para se livrar das armadilhas da toxicidade:

- **Identifique o que é tóxico.** Relacionamentos normais e saudáveis não devem fazer você se sentir longamente ansioso(a), culpado(a) ou mal consigo mesmo(a). Pergunte a você mesmo(a):
  - Essa pessoa faz você se sentir mal consigo?
  - Ela é seu crítico mais severo?
  - Ela manipulou você?
  - Ela tem dificuldade em controlar o próprio temperamento?
  - Ela recusa carinhos com frequência?
  - Ela é excessivamente egocêntrica ou tem um ego frágil?
  - Ela é controladora?
  - Ela exige coisas que deixam você desconfortável?
- **Estabeleça limites.** Uma pessoa tóxica não vai simplesmente mudar ou abandonar seu comportamento quando você começar a criar distância. Ela pode continuar a prometer mudanças, convencer você de que tudo é culpa sua, ou ter ataques de raiva por causa do ego ferido. Seja firme ao estabelecer e manter seus limites, para sua própria saúde mental. Faça o que for preciso para criar esse espaço e reconstruir sua estabilidade.
- **Utilize um sistema de apoio.** Este pode ser um momento difícil para regular suas emoções. Atravessar isso sozinho(a) pode ser assustador e a outra parte pode ter tanto controle sobre você que será fácil voltar aos velhos hábitos se não buscar outras pessoas para obter apoio. Cerque-se de amigos, familiares e profissionais de saúde mental que estarão dispostos a ajudar, validar e planejar seus próximos passos.

Incorpore *hobbies* à atividade social

O cérebro com TDAH fervilha de criatividade, energia e entusiasmo. Seja a explosão inicial de estímulo que leve para o hiperfoco ou um *hobby* experimentado e aprovado que você introduza em sua vida, mesclar seus interesses com o autocuidado social pode ser uma experiência muito gratificante.

Encontrar pessoas semelhantes a você, que compartilhem seu fervor por saídas criativas, pode ser afirmativo e revitalizante. Você pode encontrar pessoas por meio de grupos de apoio, por meio de atividades extracurriculares de trabalho ou escola e até mesmo virtualmente por meio de mídias sociais.

Aqui está uma lista de sugestões de atividades que preenchem suas necessidades sociais e de dopamina:

- **Faça aulas de arte.** Embora desenhar, pintar ou esculpir sejam normalmente atividades individuais, fazer uma aula em grupo pode ser extremamente enriquecedor. Além disso, há o benefício adicional de crescer como artista ao expandir seus gostos e técnicas ao visualizar outras interpretações da mesma tarefa.
- **Escreva um roteiro.** Recentemente, conversei com um amigo sobre escrever roteiros. Ir e voltar, trocar ideias, redigir e reescrever pode ser um processo lindamente colaborativo.
- **Cante em um grupo coral *a capella*.** Encontrar pessoas que gostam de música semelhante e trabalhar em conjunto para harmonizar as vozes inunda seu cérebro de dopamina. Esta pode ser a resposta melódica perfeita para a inquietação.

Canalizar aquela excitabilidade natural para algo que você goste é maravilhoso. Compartilhar isso com os outros não tem preço.

Voluntarie-se para algo pessoalmente significativo

O voluntariado é uma excelente maneira de cuidar dos outros, mas você sabia que também pode ser uma forma maravilhosa de autocuidado?

Pesquisas mostram que impacta positivamente a saúde mental devido à liberação de dopamina, que pode induzir relaxamento, reduzir a ansiedade e reprimir a depressão. O tempo gasto a serviço dos outros nos dá um senso de propósito, significado e gratidão. Isso é especialmente verdadeiro quando se gasta o tempo ajudando em uma área que consideramos significativa. A combinação de interesse natural e descarga de dopamina em ajudar os outros é, às vezes, alimentada pelo hiperfoco, e pode criar um impacto real e significativo em curto espaço de tempo.

O voluntariado é uma ótima forma de autocuidado social porque ajuda a construir um sistema de apoio de pessoas semelhantes e com interesses comuns. Ao participar de uma atividade compartilhada, você pode cultivar novas amizades e fortalecer relacionamentos existentes. O voluntariado é uma ótima oportunidade para conhecer novas pessoas, expandir seu grupo social e refinar suas habilidades sociais.

Com TDAH, muitas vezes nos sentimos perdidos em nosso próprio caos neural. É maravilhoso encontrar uma maneira de acalmar nosso ambiente interno e, ao mesmo tempo, beneficiar a comunidade ao nosso redor. Para o máximo benefício, encontre uma atividade pela qual você seja pessoalmente apaixonado(a). Verifique as opções em organizações culturais e sem fins lucrativos, escolas, comunidades religiosas ou hospitais.

E se você ainda precisar de mais um motivo para dedicar-se ao voluntariado, saiba que, de acordo com um estudo publicado na revista *Health Psychology*, indivíduos que se voluntariam por motivos altruístas vivem mais do que aqueles que não o fazem.

Comunique-se nos relacionamentos

Navegar por um relacionamento em que um ou mais parceiros têm TDAH pode ser difícil. O melhor conselho que dou – como alguém que tem TDAH e como médica que o trata – é *falar sobre isso*.

Abra esse diálogo, porque se você não discutir seus problemas, deixará muito espaço para mágoas, ressentimentos e distância emocional.

Se você é a pessoa com TDAH no relacionamento, pode se sentir criticado(a) – algo a que já somos excepcionalmente sensíveis – ou alvo permanente de um sermão, e como se estivesse sendo tratado(a) como uma criança. Isso reduz o desejo de se comunicar de forma significativa, então você evita a outra pessoa, ou simplesmente diz qualquer coisa para que ela pare de importunar.

Por outro lado, se você é quem não tem TDAH no relacionamento, pode se sentir ressentido(a), negligenciado(a) e explorado(a). Você pode estar cansado(a) de ser a pessoa que resolve todas as questões logísticas da vida diária e sentir que não pode contar com o(a) parceiro(a) para ajudar a aliviar o fardo. Com frequência nos encontramos em impasses devido a falhas de comunicação. Aqui estão algumas dicas úteis para se reaproximar e expandir sua capacidade de se conectar com o(a) parceiro(a):

- **Entenda quando é o momento certo para se comunicar.** Perceba como você e seu(sua) parceiro(a) estão emocionalmente. Um ou ambos podem precisar de tempo para se acalmarem antes de retomarem os temas de forma significativa.

- **Descubra a forma mais eficaz de transmitir informações.** Às vezes, o impasse ocorre porque uma pessoa fica emocionada e a outra se fecha. Você não pode se comunicar de forma eficaz se não conseguir processar as informações. Abordar as coisas de uma forma diferente, como por e-mail ou mensagem de texto, pode ser uma maneira mais eficiente de se expressar, com um benefício adicional, que é permitir que você faça um rascunho planejando exatamente o que quer dizer. Por outro lado, algumas pessoas precisam da interação face a face, porque se sentem perdidas tentando decifrar o significado por trás das palavras escritas, sem ter as pistas dos tons de voz e de expressões não verbais.
- **Ouça ativamente.** Uma das coisas mais irritantes para qualquer pessoa é a percepção de que o(a) parceiro(a) não está ouvindo. É muito exasperante, porque parece que você, ao não prestar atenção, nem mesmo procura validar o que seu(sua) parceiro(a) está dizendo. Faça um bom contato visual, confirme e repita pontos importantes e *tente* não interromper.

Aprender a se comunicar pode levar a uma parceria feliz e saudável. Ao discutir e ser aberto(a) sobre certos comportamentos e ações, você pode encontrar meios produtivos de responder àqueles desafios. No final, com a ajuda de uma boa comunicação, você pode descobrir que as coisas que, a princípio, estavam destruindo seu relacionamento, foram, na verdade, catalisadoras para reaproximá-los.

Cultive amizades

Meus amigos são um grupo seleto das pessoas mais leais, emocionalmente intuitivas e infinitamente solidárias deste mundo. Apesar disso, sua melhor qualidade coletiva é ser paciente.

Pessoas com TDAH podem amar a interação social e o apoio que recebem das amizades, mas têm dificuldade em manter esses relacionamentos ao longo do tempo.

Progredir nos relacionamentos envolve assumir compromissos sociais, ser recíproco na comunicação – e não simplesmente esquecer de responder mensagens – e enfrentar a fadiga social. Pode até parecer um trabalho árduo, mas você também estará ganhando os benefícios de encontrar uma alma semelhante à sua, que se esforça para entender e tranquilizá-lo(a).

Concentre-se em promover relacionamentos profundos e significativos nos quais você possa se conectar autenticamente, em vez de apenas se cercar de conhecidos superficiais. Qualidade, em vez de quantidade!

Criar e cultivar essas amizades pode exigir algum esforço. Você pode ter dificuldades para ouvir ativamente em uma reunião social. Pode se sentir inquieto(a) e desejar pular para outra interação social. Pode achar que é uma nova obrigação lembrar de manter contato. Participar desses relacionamentos pede empenho consciente para manter contato e programar esforços para se reconectar. Embora às vezes não pareça prioridade, ter essa rede envolvente de amigos pode encorajar, proteger e apoiá-lo(a) quando mais precisar.

Não é necessário um evento elaborado. Ligue ou envie uma mensagem para um amigo. Convide-o para participar de uma atividade que você já faria de algum modo. Marque um café e coloque o papo em dia.

Aprenda a pedir desculpas

O "frio na barriga" de ansiedade quando você disse ou fez algo que não estava certo. A lenta acumulação de culpa e raiva – não necessariamente da outra pessoa, mas talvez de si mesmo(a). A crise de náusea, frequência cardíaca elevada e rubor facial, quando você está lidando com constrangimento agudo associado à vergonha. Esses são sentimentos com os quais você pode estar muito familiarizado(a), sendo alguém com TDAH.

Às vezes, você pode relutar em iniciar um pedido de desculpas. O orgulho pode atrapalhar. Pode sentir que está se expondo à vulnerabilidade ou humilhação, ou até mesmo perdendo um pedaço de si, ao admitir sua culpa.

Você pode nem saber o que foi que fez de errado, mas tente juntar as pistas não verbais – braços cruzados, lábios franzidos, sobrancelhas franzidas. Reproduza a conversa em sua cabeça e procure por alguma coisa que possa ter causado essa mudança de energia. Pergunte a amigos que talvez tenham estado lá se houve algo que você deixou passar.

Existem alguns benefícios terapêuticos em se desculpar. Acalma os sentimentos de autocensura. Amortece a resposta física visceral à culpa. Para o destinatário do pedido de desculpas pode ser uma experiência de humildade de quem pede desculpas e restaura a confiança em um relacionamento. Conforme explora como agir nessas oportunidades, você também pode se orgulhar de ser capaz de cultivar a coragem.

Aprender a pedir desculpas pode evitar que um mal-entendido se transforme em uma ruptura irreversível. Assuma a responsabilidade, seja sincero(a) e tente fazer isso o mais cedo possível.

Não seja um vigilante do diagnóstico

Se você tem TDAH, é muito provável que tenha de ouvir pessoas dizerem coisas como "Oh, eu também faço isso", quando acha claro como o dia que elas *não* têm TDAH. Isso é irritante. Demorei muito tempo para não explodir quando me acontecia este tipo de coisas.

Mas... talvez elas estejam passando por coisas semelhantes. Quem somos nós para sermos vigilantes e administradores dos sintomas das outras pessoas? Por "vigiar", refiro-me ao ato de limitar o acesso de alguém a alguma coisa porque ele(a) não exprime ou não parece preencher determinados critérios. (Um exemplo, não relacionado com a saúde mental, ainda me espanta: "Você não pode realmente ser um fã da banda *Smashing Pumpkins*, porque você não tem um CD deles". Não, *Emily*. Sou uma grande fã; só não me foi *permitido* comprar o CD deles, porque sou uma aluna da quarta série.) A "vigilância" na saúde mental pode rapidamente tornar-se uma bola de neve.

Um dos primeiros passos para muitas pessoas que passam pelo TDAH é falar sobre o assunto com outras pessoas. Comentários como "Isso não pode ser TDAH, porque não é isso o que eu tenho" ou ainda "Você está tendo sucesso na escola, então não pode ser TDAH" invalidam as experiências de uma pessoa, e possivelmente a desencorajam de obter a tão necessária ajuda. Uma nota lateral: Isso faz parte da razão pela qual tenho problemas com muitos comentários nas redes sociais. Ao nos ocuparmos da vigilância estabelecemos padrões irrealistas baseados nas nossas experiências pessoais e na nossa própria visão distorcida de como deve ser o TDAH.

O TDAH pode apresentar-se de formas diferentes conforme o sexo, a idade, as condições psiquiátricas subjacentes, a genética e uma série de outras variáveis. Não existe uma única maneira de experenciar os sintomas do TDAH e certamente não se trata de uma competição. Se alguém se situa no extremo mais grave do espectro, isso não diminui a sua própria sintomatologia. Por outro lado, se alguém está exibindo uma forma mais leve, não cabe a você dizer que os sintomas dele(a) não são válidos só porque não refletem sua própria experiência.

Se esta leitura está lhe incomodando, realmente procure saber de onde vem essa irritação. É de um lugar de receios ou recursos? É de uma perda de atenção em você? É de se sentir não validado(a)?

Quando me deparo com uma situação que eu queira desesperadamente controlar, tento reformular as coisas. Em vez de justificar por que meus sintomas são "reais" e os das outras pessoas não são, eu pergunto a eles o que estão fazendo para lidar com aquela situação ou quem eles procuram para controlar seus sintomas.

Você já esteve em algum dos lados da questão do controle? Você já quis controlar ou já foi bloqueado(a) pela vigilância?

Crie uma cultura de autocuidado no seu círculo

Se tivéssemos que lidar com nosso TDAH no vácuo, acredito que o resultado poderia ser melhor.

Não teríamos que lidar com o julgamento, a dor e o luto, e a sensibilidade à rejeição que acompanham a interação com outras pessoas. Não teríamos que lutar para validar a nossa condição ou lidar com as comparações com o estado de ser neurotípico. No entanto, o isolamento completo não é realista, então, em vez disso, você deve gastar seu tempo criando uma cultura de autocuidado em seu círculo, para que as pessoas sejam delicadas com esse diagnóstico e façam coisas para elevá-lo(a), em lugar de diminuir seu brilho.

Pesquisas mostram que a maneira mais eficaz de lidar com o estigma é conhecer alguém com o transtorno que seja estigmatizado(a). Se nos sentirmos confortáveis em dizer aos outros: "Tenho TDAH", isso normalmente abre a porta para um diálogo real e produtivo.

Incentive outros a fazerem perguntas. Forneça um espaço seguro para que eles explorem, caso apresentem sintomas. Eduque-os sobre possíveis caminhos para o manejo e tratamento.

Assim que conseguimos uma compreensão mútua desta desordem neurológica, podemos trabalhar na criação de um ambiente que apoie o crescimento. Converse com sua família e amigos sobre as técnicas comportamentais que você descobriu que o(a) ajudam a controlar os sintomas e veja se eles podem ser receptivos à incorporação de algumas dessas mudanças. Um exemplo poderia ser: "Às vezes preciso relaxar entre eventos sociais. Isso realmente ajuda a me restaurar e me mantém envolvido(a) na próxima atividade. Você deveria tentar me ligar quando eu estiver descansado(a)".

Explique o que é TDAH às pessoas de quem você gosta

É importante reconhecer e gentilmente educar o grupo de seu círculo sobre neurobiologia e ligação genética para ajudá-los a compreender o TDAH como um distúrbio médico e não como um conjunto de deficiências. Essas tentativas ainda podem cair em ouvidos surdos se as pessoas simplesmente não estiverem preparadas para ouvi-las.

Não é nenhuma surpresa que as pessoas com TDAH tenham baixa autoestima tendo de suportar uma falta de validação quase persistente. Ter que explicar ou argumentar que aquilo que você está sentindo é legítimo e explicável do ponto de vista médico pode ser exaustivo. Totalmente exaustivo.

Lembre-se: o percurso de seu tratamento é entre você e seu médico. As pessoas terão opiniões que podem não estar alinhadas com as suas, e tudo bem. Sua prioridade é sua saúde.

Mas, caso você ainda tenha que lidar com *aquela* pessoa que quer lhe dar conselhos não solicitados, aqui estão algumas respostas que você pode tentar:

- Com base nos meus sintomas clínicos, foi isso que o médico sugeriu.
- Quero ter certeza de que tenho todas as oportunidades disponíveis para poder ter sucesso.
- Esta foi uma decisão minha e não um convite para a sua opinião. (Esta é a minha favorita! ENCERRADO!)

Você tem outras ideias sobre maneiras de responder a comentários que invalidam ou a "conselhos" simplesmente inúteis?

Manobre conversas difíceis

Quase sempre vou apelar ao *ghosting*, "cancelando" alguém e desaparecendo das redes, em lugar de ter uma conversa difícil. Reconheço o quão irresponsável e imaturo isso é. Como sou uma pessoa que já foi alvo dos *ghosting*, você pode presumir que entendo a quantidade imensa de anulação emocional que isso causa no outro, mas...

Ter conversas difíceis é... difícil. Especialmente para pessoas com TDAH. Você antecipa as críticas e a rejeição, transforma em catástrofes os cenários mais pessimistas e rumina sobre os erros do passado que levaram até este momento. Para pessoas com capacidade limitada de regulação emocional pode ser um campo minado.

Vamos primeiro entender por que essas situações são tão desafiadoras para as pessoas com TDAH. Pessoas com TDAH podem ter dificuldade em lidar e processar dados em tempo real e em recuperar contrapontos válidos. Podem também ter que lidar com distrações externas que as impedem de prestar atenção plena à conversa e tornam difícil uma reciprocidade eficaz. Devido aos seus problemas de regulação emocional, um comentário aparentemente inocente pode ser mal-interpretado e desencadear uma discussão ardente, que rapidamente transforma a conversa em conflito.

Essa escalada de tensão interna – atribuída a razões intuídas ou reais – pode mudar a forma como você se comunica. Em vez de transmitir seus pontos de vista de forma clara e concisa, você pode:

- Ficar emocionalmente sobrecarregado(a) e desligado(a).
- Responder impulsivamente ou de forma inadequada.
- Tornar-se tagarela e desarticulado(a), "falando em círculos".
- Ficar frustrado(a) e atacar.

Então, como contornar essas armadilhas?

- **Planeje o que você quer dizer.** Talvez você não tenha sempre essa oportunidade, mas quando tiver algum tempo para pensar com antecedência faça uma lista de tópicos principais e os pratique. O propósito de resumir desta forma é destacar as coisas mais importantes para você e atingir um determinado objetivo. Com frequência, com o TDAH, você pode perder de vista esses objetivos porque é apanhado(a) na briga e envolvido(a) nas discussões frívolas dos detalhes.

- **Reconheça o que seu corpo está lhe dizendo.** Às vezes é difícil definir qual emoção você está sentindo, além do "estou desconfortável". Compreender os sinais do seu corpo pode lhe ajudar a identificar técnicas de gerenciamento para que tenha mais calma no momento e seja capaz de prestar atenção de forma mais completa (por exemplo, a inquietação no estômago que acompanha a ansiedade pode ser um sinal para fazer uma pausa e respirar profundamente).
- **Esteja ciente das distorções cognitivas.** Seu cérebro quer pregar peças em você. Ele irá distorcer e interpretar mal as coisas que você está ouvindo, para adequar a narrativa ao que você está sentindo emocionalmente. Sorrateiro. Aprenda a desafiar-se no momento: Será que estou interpretando mal as coisas? Minha perspectiva é válida? Se eu contasse isso para outra pessoa, ela concordaria quanto ao tom da interpretação?

Reconheça a autossabotagem nos relacionamentos

Vamos entender isso: nossos cérebros querem dopamina. Obtemos isso por meio da estimulação.

Existe algo mais estimulante em um relacionamento do que se apaixonar e brigar? Quando esses tipos de estimulação "acabam", o cérebro fica tentando encontrar uma razão pela qual você não está mais recebendo aquela onda química, e então você tenta resolver o problema, quando realmente não há problema. É complicado.

Pessoas com TDAH são mais suscetíveis a serem vítimas de abuso emocional e de manipulação. As razões pelas quais isso ocorre incluem mau julgamento na escolha de parceiros, falta de confiança no seu próprio diálogo interno, traumas anteriores ou vulnerabilidade devido à baixa autoestima.

Conhecendo essas duas informações, que seu cérebro está programado para buscar estímulos e que você tem predisposição a entrar em relacionamentos prejudiciais, é preciso proceder com cautela.

Ao analisar um relacionamento é importante avaliar se as decisões que você está tomando são ou não motivadas pelo seu desejo de dopamina. Negligenciar a atribuição desse anseio que o(a) impulsiona pode potencialmente levar a alguns resultados: você sai do relacionamento porque se cansa de cair em um padrão estável, ou permanece em um ambiente caótico, porque está viciado(a) no estímulo da turbulência.

Pergunte-se: Por que acho que algo está errado com meu relacionamento? Se for difícil identificar suas respostas e só circular em torno de "Estou entediado(a)", pode não ser um problema de relacionamento, mas sim foi você que se instalou em uma situação estável, sem a constante inundação de dopamina.

Fique alerta quanto a "agradar as pessoas"

As pessoas com TDAH têm uma profunda sensibilidade à dor emocional (saiba mais sobre a disforia sensível à rejeição no tópico "Identifique a sensibilidade à rejeição", no capítulo 3 deste livro). Por isso, podem cair em um padrão de querer agradar as demais pessoas, para garantir a aprovação de seu círculo de convivência. Com o tempo, porém, podem perder o controle de seus próprios desejos e necessidades.

Nem sempre é ruim buscar aprovação, mas quando isso leva à incapacidade de ser autêntico ou à preocupação em atender as necessidades das outras pessoas como forma de manter relacionamentos, é preciso reavaliar a situação. Aqui estão alguns sinais de que você caiu em um padrão de agradar as pessoas:

- **Você tem dificuldade em dizer não** e se sente culpado(a) quando consegue dizer não.
- **Você está preocupado(a) com o que as outras pessoas poderão pensar** se você disser não.
- **Você concorda com o que não gosta** ou faz o que não quer fazer.
- **Você quer que as pessoas gostem de você** e sente que fazer coisas por elas ajudará no seu relacionamento.
- Você está sempre **pedindo desculpas às pessoas.**
- **Você negligencia suas próprias necessidades** para fazer coisas para os outros.

Ainda estou tentando sair desse padrão. Não quero ser vista como "mesquinha" ou "não complacente", mas, no passado, isso sempre significava colocar a mim mesma de lado. Agora tento permanecer atenta, para ver por que estou dizendo sim às coisas.

5

Autocuidado na carreira profissional

Ter que lidar com o cenário profissional enquanto gerencia o TDAH pode parecer muito difícil. Devido a questões de autoestima, você pode se contentar com um trabalho que não o(a) desafie intelectualmente e sentir que está apenas andando em círculos.

Por outro lado, devido ao medo de ser visto(a) como "preguiçoso(a)", você pode se esforçar excessivamente e se sentir esgotado(a). Encontrar um meio saudável pode ser difícil, mas este capítulo aborda as atividades e ações que apoiam a sensação de equilíbrio e satisfação em sua carreira profissional.

O TDAH apresenta características específicas que podem tornar alguns empregos mais adequados para os indivíduos do que outros. Nós prosperamos em situações que exigem alta energia, criatividade e flexibilidade. Embora normalmente nos fixemos nos aspectos negativos do TDAH, existem também aspectos positivos que nos tornam candidatos competitivos em um ambiente profissional. Tendemos a enfrentar os problemas de forma criativa, somos socialmente envolventes e podemos capitalizar ondas de hiperfoco. Todas estas são qualidades altamente desejadas nos funcionários.

Neste capítulo, você encontrará tópicos voltados especificamente à construção de um ambiente de trabalho que cultive esses atributos positivos. Discutimos quando – ou se – revelar seu TDAH, quais adaptações você pode solicitar legalmente e como lidar com a rotina – papelada, procrastinação e inquietação. Apoiar e fortalecer sua identidade profissional lhe ajudará a ganhar aptidão e confiança em sua área, de modo a que se sinta engajado(a) e motivado(a) para continuar.

Aprenda a dizer não

Uma das coisas mais difíceis de aceitar sobre mim é minha incapacidade de dizer não. (Você já leu o verbete "Fique alerta quanto a 'agradar as pessoas'"?) Se questões médicas ou de segurança estiverem envolvidas, consigo estabelecer limites, porque tenho a ciência como respaldo, mas, e quando se trata de estabelecer limites para mim mesmo(a)?

Esqueça isso. Mas há razões *muito reais* para que você e eu trabalhemos essas questões para sermos melhores defensores de nós mesmos(as). Se você constantemente disser sim às coisas, poderá cair em um padrão em que se sentirá usado(a) e ficará ressentido(a). Poderá ficar sobrecarregado(a), caindo em uma profecia autorrealizável de fracasso. E, muitas vezes, você pode simplesmente se esgotar.

Aqui estão algumas dicas para ajudar você a *Simplesmente dizer não*:

- **Estabeleça limites claros.** Saiba onde está sua linha divisória e então diga isso para as outras pessoas. Não precisa ser um confronto, mas pode ser alcançado em pequenos passos, por exemplo definindo um horário para deixar de responder aos e-mails.

- **Comece com pequenas mudanças.** Mudar seus padrões de comportamento de uma só vez seria muito difícil e pode ser percebido como estranho pelas pessoas ao seu redor. Aprenda lentamente a ensinar a si mesmo(a) – e às demais pessoas – como compreender seus limites. Um ótimo exemplo disso é começar expressando sua opinião sobre algo simples. À medida que você se sentir mais confortável em expressar suas necessidades, poderá começar a fazer isso com coisas maiores.
- **Conheça suas prioridades.** Às vezes ficamos atolados(as) no padrão de dizer sim para tudo e perdemos tempo e foco para coisas que realmente precisamos atender. Dizer sim para coisas que lhe ajudarão a realizar seus objetivos e, por outro lado, dizer não às coisas que podem não lhe servir, ajudará a conservar sua energia física e emocional para que possa dedicar-se ao que é importante para você.
- **Protele!** Concordar imediatamente com uma tarefa – como muitos(as) de nós fazemos por costume – pode levar você a se sentir sobrecarregado(a). Dedicar algum tempo para avaliar a solicitação irá garantir que você decida se ela é razoável e se poderá realizá-la sem se estressar. Um exemplo é aquele e-mail que chega às 16h59, numa sexta-feira. Em vez de se apressar para atendê-lo, você pode responder dizendo: "Quero ter certeza de que terei tempo suficiente para avaliar esta solicitação, por isso retornarei na segunda-feira".

Lembre-se disso: aprender a dizer *não* é algo que você não conseguirá fazer imediatamente. Se começar a se sentir sobrecarregado(a) ou tentado(a) a dar o "rápido sim", lembre-se de por que está colocando as necessidades de outra pessoa antes das suas próprias. Você merece atingir seus próprios objetivos, aproveitar seu tempo e proteger sua própria alegria.

Utilize seu tempo livre remunerado

As pessoas com TDAH são muitas vezes repreendidas por supostamente não serem muito "esforçadas" no trabalho, mas é mais provável que tendam a ser o oposto. Para compensar alguns dos seus déficits, trabalham em excesso e, de um modo geral, afastam-se de recursos existentes, em vez de cuidarem de si próprias. É frequente que encurtem, adiem ou cancelem as férias, por acharem que não as merecem. Esta mentalidade é uma estrada de mão única rumo ao *burnout*, o esgotamento.

Um estudo recente da Organização Mundial de Saúde (OMS) concluiu que 745.000 pessoas morreram, em 2016, de doenças cardíacas e derrames cerebrais devido a longas horas de trabalho, e que os números tendem continuamente a aumentar. A investigação concluiu que trabalhar mais de cinquenta e cinco horas por semana estava associado a um risco 35% superior de acidente vascular cerebral e a um risco 17% superior de morrer de doença cardíaca, em comparação com uma semana de trabalho de trinta e cinco a quarenta horas. Dar-se tempo livre é vital.

Utilizar o seu tempo livre remunerado (*PTO, paid time off*) – que pode envolver férias, folgas, licenças médicas, feriados, etc. –, é uma forma simples de resetar. Promove o seu autocuidado profissional, aumentando a produtividade e melhorando o desempenho.

Modificar os locais e o ambiente ajuda você a sentir-se mais presente e estimulado(a), e a quebrar o eterno ciclo de aborrecimento. Também ajuda a regular o estresse e a ansiedade, o que permite pensar com mais clareza e processar as demandas de forma mais eficaz.

Aproveitar esses períodos de folga pode ajudar a reajustar os seus padrões de sono para períodos mais saudáveis, além de melhorar a sua capacidade de aprender, formar conexões e tomar decisões criativas. Se você está lutando com a dúvida de merecer ou não uma folga, talvez seja melhor reformular a forma como encara a questão. Em vez de pensar se a "merece" ou não, tente pensar nisso como sendo um tempo vital para desestressar e se recarregar, para que possa se dedicar mais plenamente.

Realmente não sei o que você está esperando.

Faça aquele pedido de férias.

Faça uma lista de metas de carreira

Não importa em que ponto de sua jornada profissional você está, é benéfico definir metas de carreira. Com a exuberância brilhante de um cérebro com TDAH, podemos ter grandes sonhos e objetivos, mas nenhum caminho tangível para chegar lá. Ao listar e detalhar seus planos, você terá mais chances de manifestar oportunidades alinhadas à sua trajetória profissional.

Articular suas aspirações profissionais fornece um ponto de partida para o objetivo final. Você não precisa necessariamente mirar em uma determinada posição ou situação financeira. Pode se concentrar nos conjuntos de habilidades que espera desenvolver, como trabalhar para obter licenciamento ou credenciamento em uma área específica ou treinamento especializado ou experiências que o(a) ajudem a obter exposição.

Isso é especialmente importante quando se deseja mudar de carreira ou progredir na hierarquia. Compartilhar onde deseja ir pode ajudar você e um potencial empregador a decidir se aquela posição é adequada ou se você pode pelo menos considerá-la um trampolim apropriado.

E embora esses "objetivos" possam mudar à medida que os planos de carreira mudam e a vida inevitavelmente atrapalha, ter algum tipo de objetivo final ajuda você a continuar a lutar pela onda de dopamina da realização a caminho.

Ser capaz de definir seus objetivos de carreira e acompanhar o progresso que você tem feito para alcançá-los não apenas ajuda a manter o impulso; também lhe mantém mais seguro(a) e confiante em sua carreira profissional.

Aprenda a ouvir ativamente

Como mencionamos, o TDAH *não* é um déficit de atenção. É um problema para conseguir *regular* sua atenção. Você é perfeitamente capaz de se concentrar, mas às vezes é difícil direcionar sua atenção para aquilo em que você precisa colocar foco, especialmente se você não estiver naturalmente envolvido(a) naquilo.

Assim, você pode supor que ouvir ativamente pode representar um desafio especial para pessoas com TDAH. Parte do problema é que pensamos mais rápido do que os outros conseguem falar. Então devemos lidar com nossos cérebros tentando preencher aqueles espaços com nossos próprios pensamentos. Torna-se muito difícil participar de forma significativa quando você tenta bloquear distrações externas, reprimir pensamentos internos, evitar a impulsividade verbal e manter o interesse em uma conversa.

É preciso muita energia para processar e interpretar esses dados auditivos, mas tornar-se um ouvinte melhor é gratificante por vários motivos. Ser capaz de se envolver e ouvir ativamente ajuda a construir confiança e fortalecer relacionamentos, tomar decisões melhores com mais eficiência e diminuir o estresse e a tensão.

Aqui estão minhas melhores armas secretas para melhorar seu foco e aumentar sua capacidade de seguir instruções – não importa o quão chatas elas possam parecer!

- **Escreva.** Faça anotações ou peça à pessoa que deu as instruções para lhe enviar um e-mail, esboço ou agenda. Você pode descobrir que escrever enquanto alguém fornece verbalmente informações promove a escuta ativa e melhora a compreensão. Bônus adicional: você parece entusiasmado(a) e atento(a), e as pessoas gostam disso.
- **Repita de volta.** Repita o que foi dito para ter certeza de que ouviu corretamente. O benefício adicional disso é que lhe dá outra oportunidade de processar e guardar coisas na memória.
- **Mexa-se, se for necessário.** Às vezes, a inquietação interna (e externa) o(a) impede de ouvir plenamente. Você pode estar tão obcecado(a) em não se mover que não está realmente ouvindo o que estão dizendo. Encontre algo que funcione para você e que não atrapalhe enquanto você ouve: aperte uma bola antiestresse, caminhe enquanto fala, alongue-se disfarçadamente. Ouça as dicas do seu corpo; se ele estiver dizendo para você se mover, faça-o, porque, caso contrário, todo o seu foco estará em "como faço para esconder isso?"

Isso pode parecer óbvio, mas é bizarro quantas habilidades esquecemos de aplicar no momento. Como muitos outros mecanismos de autocuidado descritos neste livro, a escuta ativa melhora com a prática.

Encontre um dublê de corpo

Durante anos, eu afirmaria que faria mais se estivesse com outra pessoa. A outra pessoa literalmente não precisava fazer nada além de ter uma presença física, mas acho que isso me tornou mais responsável por minhas ações e, para ser sincera, era simplesmente mais divertido ter outro humano por perto.

Para muitas pessoas com TDAH, ter alguém presente enquanto realiza as tarefas aumenta a probabilidade de elas serem realizadas. Um dublê pode ser um(a) amigo(a), colega de quarto, pais ou cônjuge que esteja disposto a *estar presente* enquanto seu cérebro descobre quais são os próximos passos. E se não houver ninguém ao seu redor? Sem problemas! Use o *FaceTime*, o *YouTube* ou grupos de "duplicação de corpo" nas redes sociais.

Quando você usaria um dublê de corpo? É aí que está: você pode usá-lo para qualquer coisa que achar tedioso ou chato, como algo que você acha difícil começar. Você pode começar a planejar essas sessões de duplicação corporal e isso eventualmente se tornará uma rotina, e você terá uma onda consistente de dopamina para fazer as coisas.

Então, quando você pensar em trabalhar e começar a dar desculpas, considere a possibilidade de usar um dublê de corpo. Você pode achar mais fácil iniciar, sustentar e concluir as tarefas!

Decida se vai revelar o TDAH

Você deve compartilhar seu diagnóstico? Isso depende da cultura do seu local de trabalho e das adaptações que podem ser feitas. Nem todo mundo conhece bem as nuanças do TDAH, e algumas pessoas podem estar preocupadas com a possibilidade de seu diagnóstico ser problemático em algum momento.

Primeiro, é importante descobrir que adaptações, se houver alguma, o seu trabalho pode proporcionar.

Em segundo lugar, você pode solicitar modificações que melhorem seu desempenho sem revelar seu diagnóstico. Posso usar fones de ouvido, pois trabalho melhor quando está silencioso? Posso chegar um pouco mais cedo para ajudar a me preparar para o dia? Existe algo que podemos mudar para me ajudar a ter um desempenho mais eficaz?

Se você decidir compartilhar seu diagnóstico, comece com os muitos pontos positivos que trazem vantagens a você. Criatividade, muita energia e ser intrinsecamente bom na resolução de problemas são alguns atributos maravilhosos dos cérebros com TDAH que podem tornar você uma parte vital de uma empresa.

Se revelar seu TDAH, formule as coisas de forma positiva. Em vez de dizer "É difícil para mim prestar atenção quando...", diga algo como "Eu me saio melhor quando..." Venha preparado(a) com sugestões bem pensadas sobre as acomodações e esteja preparado(a) para explicar por que elas o(a) ajudariam a fazer melhor seu trabalho.

Você está tentando reforçar que isso não é uma desculpa ou um atalho; isso é algo para aumentar sua produtividade.

Deixe de lado o perfeccionismo

Pessoas com TDAH são intensamente conscientes de suas deficiências e muitas vezes lutam contra a vergonha e a baixa confiança por causa delas. O perfeccionismo é uma consequência disso e nasce do medo de não conseguir atender aos padrões impossivelmente elevados que você estabeleceu para si mesmo(a).

Pessoalmente, sofri muito com as provações e tribulações causadas por meus sintomas de TDAH e tenho lutado para encontrar um caminho para superá-los. Acho que minha necessidade de controle, aliada ao desejo de acertar as coisas, me deixou enjaulada em uma prisão rígida, paralisante, que eu mesma criei. Se não conseguisse fazer do jeito que imaginei, eu teria falhado.

Eu me comparava com meus colegas neurotípicos e me punia por não atingir meus padrões irracionais. Agora entendo que há coisas que posso fazer tão bem quanto, se não melhor, do que meus colegas neurotípicos.

Mas há certas maneiras pelas quais meu cérebro está simplesmente programado de forma diferente, e uma comparação seria fundamentalmente inválida. O perfeccionismo tornou-se meu mecanismo de defesa para me proteger das incertezas da vida e uma forma de compensar minhas limitações.

O desejo de fazer as coisas de uma determinada maneira rapidamente começa a desembocar no caminho da obsessão. De repente, o medo de sua fraca função executiva leva à ruminação e à preocupação persistente: E se eu já tiver estragado tudo? O que acontece quando todo mundo descobrir que eu errei? Como poderei lidar com as críticas se não consigo nem pensar nisso agora? Você está duplicando, consolidando ainda mais as coisas e verificando dez vezes para torná-las perfeitas e garantir que não será humilhado(a).

O pensamento perfeccionista entra em ação em muitos momentos da sua jornada. Você pode ficar congelado(a) no início, porque sente que não consegue nem começar, pois inevitavelmente irá errar. A ameaça de não ser capaz de fazer algo de modo perfeito faz com que você o evite completamente.

Em outra situação, você pode estar indo bem e de repente se deparar com uma fase difícil. Então você muda de assunto e começa a fazer coisas nas quais se sai bem, evitando aquilo que realmente precisa ser feito. Isso pode proporcionar um alívio em curto prazo, mas aumenta a probabilidade de que a tarefa permaneça inacabada. No final deste processo, você pode também sentir que "se não estiver completamente certo, então deve ser um fracasso". Esse pensamento de tudo ou nada alimenta ainda mais sentimentos de baixa autoestima devido à baixa produtividade.

Em vez de se fixar no perfeito, comece a abraçar o que é real. Veja os pontos positivos das coisas que você tem feito, em lugar de se concentrar nas falhas. Entenda que um comentário não é um ataque ou manifestação de fracasso, mas uma chance para você crescer e se aprimorar. Baseie-se em seus princípios de autocompaixão para se apoiar durante períodos de desconforto e cultivar a resiliência.

Ser perfeito não é a vida real.

Mostre sua melhor versão durante entrevistas

Como pessoas com TDAH, estamos constantemente pensando em formas de minimizar nossa sintomatologia para nos ajustarmos a um molde neurotípico. Isso surge durante entrevistas para novos cargos ou quando pensamos em progredir em nossas carreiras.

Com frequência, temos ambição e motivação, mas não sabemos como alcançar nossas metas. Aqui estão algumas dicas sobre como se preparar para o avanço na carreira de uma forma que dê *destaque*, em vez de diminuir, a sua singularidade:

- **Pesquise a função.** Ter grande volume de conhecimento lhe dá uma vantagem competitiva ou ajuda você a decidir se deseja o emprego.
- **Anote suas realizações e pontos fortes.** Começar com esses pontos positivos guiará a conversa.
- **Reformule seus pontos negativos.** Tenha um diálogo sobre lacunas na sua formação e empregos, e elabore explicações positivas sobre os motivos pelos quais deixou empregos

anteriores (não diga "eu odiava meu chefe", mas "eu me beneficiaria com uma gestão mais criativa").

- **Ouça ativamente e esteja atento(a) para não interromper.** Faça anotações para acompanhar seus pensamentos acelerados.
- **Use sinais** não verbais. Mantenha contato visual, ande e sente-se com confiança e preste atenção ao tom e ao volume da sua voz.
- **Seja honesto(a).** Enfeitar suas qualificações pode resultar em expectativas de trabalho irrealistas e aumento do estresse no longo prazo.
- **Faça perguntas.** Fazer perguntas mostra seu engajamento e interesse.
- **Pratique.** Isso pode ajudar a criar frases de efeito para que você possa definir o que deseja transmitir e como dizê-lo.

Peça o que você quer

Aprender a defender-se não é algo que pessoas com TDAH fazem naturalmente. Não sei se é porque passamos tanto tempo sendo bloqueados(as) durante a nossa infância, desenvolvendo tendências de agradar as demais pessoas, ou porque temos medo de rejeição ou críticas, que evitamos pedir as coisas que queremos.

Podemos pensar que diminuir nossa luz e minimizar nossas necessidades evitará conflitos, mas, muitas vezes, esses são os passos preliminares em um longo caminho de ressentimento e insatisfação.

Pedir o que você quer não precisa ser algo conflituoso ou polêmico. Nem precisa ser sobre coisas grandes. Podem ser pequenas coisas que ajudem você a ganhar autonomia. Às vezes sabemos o que queremos e sabemos que devemos pedir, mas literalmente não temos palavras para fazê-lo. Experimente alguns destes iniciadores de conversa:

- "Deixe-me ver se entendi..."
- "Acho que preciso de algum tempo para processar. Você se importa se conversarmos sobre isso mais tarde?"
- "Para que eu possa concluir isso conforme com meus padrões, preciso..."
- "Perdi o que você disse. Poderia repetir?"
- "Preciso priorizar isso agora."

O que impede você de pedir o que deseja?

Descubra quais instalações estão acessíveis

O TDAH pode abalar tanto sua confiança que você se questiona se vale a pena perseguir seus sonhos profissionais. Mas, em vez de mudar o seu sonho, pense em como mudar a gestão do TDAH. Porque, se for bem gerido, é um campo de jogo totalmente novo.

Duas leis federais (no ordenamento jurídico norte-americano) podem protegê-lo(a) no local de trabalho: a Lei de Reabilitação de 1973 (RA, em inglês) e a Lei dos Norte-americanos Portadores de Deficiência de 1990 (ADA), que inclui a Lei de Emendas da ADA de 2008 (ADAAA). A ADA inclui o TDAH como uma deficiência reconhecida. De acordo com essas leis, o seu empregador deve ser capaz de fornecer acomodações razoáveis, desde que isso não crie dificuldades indevidas para os negócios, o que a maioria dessas instalações *não* faz.

Muitas pessoas com TDAH desejam solicitar adaptações no local de trabalho, mas podem não se sentir preparadas para divulgar seu diagnóstico ao empregador. Nesse caso, solicitar pequenas modificações podem ajudar na produtividade – como o uso de fones ouvido no trabalho, um escritório ou mesa longe de áreas centrais de reuniões, e assim por diante.

Depois de fazer sua pesquisa e decidir solicitar modificações ao seu empregador, é importante conceituar quais adaptações poderiam ser implementadas para tornar sua vida profissional mais administrável.

Tente pensar nas limitações que você está enfrentando, nas tarefas específicas que elas impactam e naquilo que lhe ajudaria a reduzir ou eliminar esses problemas.

Se você tiver limitações relacionadas às funções executivas, poderá solicitar as seguintes modificações:

- Trabalhar remotamente, em casa.
- Ajustar o método de supervisão ou *feedback* (lembre-se do transtorno de sensibilidade à rejeição!).
- Usar os programas de assistência aos funcionários para encontrar um terapeuta.
- Adaptar uma área de trabalho privada mais silenciosa e afastada das áreas sociais.
- Usar fones de ouvido com cancelamento de ruído.
- Fazer pausas para caminhar ou apenas para se concentrar novamente.

Crie um sistema para a papelada

Se não tomar cuidado, fico completamente envolvida no caos da papelada. Minha mesa estará coberta com inúmeros documentos de prioridades variadas e sem ordem discernível – o que torna impossível localizar itens ou cumprir prazos. Isso é também uma representação externa de quão confusa é a minha própria estrutura organizacional interna.

Aqui estão algumas dicas para tornarmos um pouco mais viável o gerenciamento da montanha de papelada:

- **Lide com isso imediatamente.** Em vez de deixar a papelada de lado, na esperança de resolver o problema mais tarde (e então perdê-la quase imediatamente), organize-a com base em prioridades. Tenho um porta-papéis aberto de três segmentos, marcado com "faça hoje, faça amanhã, faça mais tarde" e procuro reorganizar tudo no final do dia.
- **Elimine a documentação desnecessária.** Estamos constantemente imersos(as) em papelada estranha ou irrelevante. Não se afogue; recicle.
- **Organize-se de forma criativa.** Codifique por cores ou use etiquetas (gosto de usar logotipos ou adesivos com imagens, em vez de apenas o nome) e torne o arquivamento divertido.
- **Delegue, se possível.** Se você tiver o luxo de contar com um(a) assistente ou alguém experiente com determinados sistemas de documentação, utilize-os. Não existem regras que digam que você precisa fazer tudo sozinho(a), e as pessoas mais bem-sucedidas sabem quando delegar. Se você tiver dificuldades com isso, sugiro que vá até o tópico "Aprenda a delegar", neste capítulo.

Desvie-se da paralisia por análise

Você oscila entre "estou sobrecarregado(a) com muita informação" e "não consigo me decidir"? Você já sentiu que seu cérebro continua girando pelos mesmos caminhos de pensamento, sem chegar a qualquer solução? Você já perdeu uma oportunidade, pois não conseguiu decidir? É angustiante e muito real.

Pessoas com TDAH se saem extremamente bem em tomar decisões em frações de segundo em situações de crise. Contudo, é o trabalho servil do dia a dia que é muito mais difícil: equilibrar, considerar e avaliar informações complexas para fazer uma escolha informada.

A paralisia por análise refere-se a um colapso na função executiva. Pode ser difícil começar as coisas, sustentá-las e concluí-las. Isso leva a uma sensação de paralisia, em que você quer fazer algo, mas não consegue progredir. Isso pode acontecer quando seu cérebro está sobrecarregado, especialmente quando combinado com o medo de tomar a decisão errada.

Aqui estão três maneiras de lidar com a paralisação entre as opções:

- **Limite suas escolhas.** Seu cérebro não gosta de ficar preso entre uma infinidade de opções. Dê a ele duas a três opções no máximo – por exemplo, para decisões menores, opte pela decisão mais fácil e siga em frente. Passar horas agonizando com algo trivial parece um desperdício.
- **Estabeleça um prazo.** Você pode esperar um certo tempo até a decisão. Seu cérebro funciona melhor à medida que o prazo-limite se aproxima devido ao aumento de adrenalina proporcionado pela crise do tempo.
- **Encontre um lugar tranquilo para refletir**. Quando seu cérebro está superestimulado, você não consegue tomar decisões razoáveis e racionais. Reservar um tempo para pensar em um lugar tranquilo pode ajudar seu cérebro a relaxar.

Não se sinta preso(a) a carreiras convencionais

Uma carreira é definida como uma ocupação exercida durante um período significativo da vida de uma pessoa. Se você for muito criterioso(a) sobre as escolhas que faz – e/ou ainda se tiver muita sorte – poderá vivenciar uma carreira que celebra quem você é, em vez de sufocar sua individualidade.

Para pessoas com TDAH o percurso acadêmico pode ser muito árduo ou fora de alcance. Devido às limitações causadas pela não obtenção de um determinado diploma acadêmico, juntamente com a dúvida paralisante sobre suas próprias capacidades, elas podem se contentar com um trabalho em que simplesmente cumprem as tarefas, mas não se sentem realizadas ou inspiradas.

Encontrar um emprego que mantenha você interessado(a) e engajado(a) irá naturalmente garantir que você permaneça motivado(a). Se você com frequência está lutando contra o tédio e a frustração, terá muito mais dificuldades para concluir as tarefas. O trabalho ideal deve ser um amálgama daquilo em que você é bom, daquilo que gosta de fazer e do que alguém lhe pagará para fazer.

Há muitos caminhos ocupacionais em que as pessoas com TDAH se destacam, como atividades que são mais criativas do que analíticas ou logísticas (por exemplo *designer versus* alfaiate; publicidade ou *marketing versus* contabilidade ou gestão financeira; inventor *versus* engenheiro). Não me interpretem mal; você pode seguir a carreira que quiser. Acontece que encontrar um ajuste mais natural em geral garante longevidade. Essa é parte da razão pela qual sou mais adequada para ser psiquiatra do que cirurgiã. Outras modalidades de trabalho que geralmente apresentam bons resultados são aquelas que permitem flexibilidade para nuanças de TDAH. Trabalhar por conta própria tende a dar certo porque permite que você siga seus próprios prazos e supervisão; você pode tirar um tempo livre sem inconveniências a outros, além de conseguir florescer criativamente em explosões aleatórias de hiperfoco.

Você pode trabalhar no seu próprio ritmo e ser mais estimulado(a) por ambientes em constante mudança. Um de seus pontos fortes pode ser sua habilidade social bem aprimorada. Se for esse o caso, você poderá se sair extremamente bem em uma carreira que envolva muita interface com o cliente ou esforços de serviço público.

É igualmente importante saber quais carreiras podem ser potencialmente restritivas para você. Trabalhos que não envolvam você, que impliquem montanhas de leituras ou papelada, ou que o(a) isolem socialmente, podem não ser adequados.

Encontrar o ajuste certo é um esforço de amor. Dedique algum tempo e pense verdadeiramente em um trabalho que possa deixá-lo(a) feliz no longo prazo. Converse com outras pessoas da área e busque informações diretas do funcionamento interno do processo de entrevista. Você pode até pedir para acompanhar alguém que esteja atualmente naquela posição para ver como seria o fluxo do dia a dia.

Você sente que está em uma carreira que – verdadeiramente – lhe preenche?

Abrace desafios

Muitas vezes acreditamos que, como temos TDAH, estamos destinados a falhar em coisas que outras pessoas consideram desafiadoras.

Essa mentalidade nos impede de tentar esses empreendimentos e pode limitar nossas opções e crescimento. A verdade é que a nossa neurobiologia única pode, na verdade, nos tornar mais preparados para lidar com certos desafios.

Ao abraçarmos nossas diferenças e nos concentrarmos em nossos atributos positivos podemos – e devemos – avançar corajosamente em áreas onde outros tropeçaram.

Ganhar confiança para enfrentar desafios com ousadia começa com a aceitação do seu TDAH. À medida que você entende mais sobre seu funcionamento interno, pode começar a viver sua vida mais alinhada com suas capacidades.

Todos com TDAH têm desafios e vantagens diferentes, então torne-se um especialista em seu próprio TDAH.

Você também deve reavaliar anos de contribuições negativas. Deve curar a baixa autoestima causada por críticas duras. Você deve reconhecer e enfrentar o medo do fracasso. Deve começar a usar suas próprias métricas internas em vez de comparar seu cérebro com cérebros neurotípicos, porque, no nível mais fundamental, eles *são diferentes*.

Você pode abraçar esses desafios de duas maneiras. Uma, é aceitar seu TDAH e encontrar uma estratégia que atenda à sua neurobiologia para resolvê-los. A segunda é reconhecer que esta é uma área com a qual você luta e então remover a vergonha e a culpa associadas a ela – o que o(a) deixará com menos medo de falhar.

Encontre compensações para a memória fraca

Ter memória fraca não é novidade para pessoas com TDAH.

Com um cérebro que percorre milhões de quilômetros por hora é muito difícil processar e categorizar eficazmente todos aqueles dados, e muito menos recuperá-los quando solicitados. Isso pode ser especialmente problemático se você estiver trabalhando em equipe, ser frustrante para a gerência se não conseguir cumprir os prazos e pessoalmente desencorajador se você não for capaz de produzir o trabalho que sabe que é capaz.

Aqui estão algumas sugestões para melhorar sua memória:

- **Faça anotações.** Se alguém lhe contar algo, peça que resuma em um e-mail. Se alguém deixar uma mensagem de voz para você, ouça-a novamente enquanto anota detalhes importantes.
- **Faça listas de tarefas**. Divida as tarefas em partes viáveis para que você possa usar pistas contextuais para prever o que vem a seguir.
- **Organize seu espaço visual.** Use isso como uma forma de se lembrar visualmente do que fazer. Organize sua mesa com locais para guardar seus papéis com base na prioridade. Tenha um quadro branco com lembretes. Utilize seu computador para receber avisos visuais ao abrir seu *laptop*.
- **Sincronize sua tecnologia.** Parte da batalha neste mundo cada vez mais digital é que temos dez mil locais para armazenar dados. *Sincronize todos eles*. E quando você tiver uma data ou prazo urgente para lembrar, encaminhe ou arquive na pasta correta imediatamente; não presuma que você se lembrará de fazer isso mais tarde (porque não se lembrará; nós sabemos disso).

Administre a cegueira temporal

Você já ficou tão absorto(a) em alguma coisa e depois olhou para o relógio e ficou chocado(a) ao ver que já se passaram horas e você pensou que só poucos minutos haviam se passado? Minha citação favorita sobre esse assunto é do Dr. Russell Barkley, que disse que o TDAH perturba a estrutura do tempo.

Esta é uma grande fonte de frustração para as pessoas que não vivenciam este fenômeno. "Você faz a mesma coisa todos os dias, então por que está sempre atrasado(a)?" "Por que você começou a fazer isso, sabendo que teria que chegar lá em cinco minutos?" "Você tem um relógio, então por que não olha para ele?" Minha resposta a cada comentário crítico neurotípico é: "Meu tempo funciona de maneira diferente do seu".

A capacidade de avaliar a passagem do tempo é uma faceta da função executiva, e é mais complicada do que parece à primeira vista. Para ter uma boa noção do tempo você precisa constantemente saber que horas são, quanto tempo resta e com que rapidez o tempo está passando. Pessoas com TDAH têm um conceito muito fraco de tudo isso. Então, como você gerencia esse fenômeno único e incapacitante?

- **Esteja ciente das coisas que podem fazer com que você "perca" tempo.** Existem certas tarefas em que você pode se perder. São coisas nas quais você está naturalmente interessado(a) ou engajado(a), ou algo repetitivo que você sente prazer em realizar. De qualquer forma, reconheça quais são essas coisas e evite-as, se estiver com falta de tempo, ou proteja-se com lembretes externos para ajudar você a parar.
- **Utilize alarmes.** Os alarmes são uma ferramenta simples e eficaz para aumentar a sua consciência do tempo. Eles podem atravessar o hiperfoco e agir como um referencial externo para avaliar a progressão do tempo. Não tenha medo de definir tantos alarmes quantos precisar, mas certifique-se de alternar e modificar os sons dos alarmes, caso contrário, você simplesmente irá ignorá-los.
- **Crie períodos *buffer* [tampões].** Construir esse espaço entre tarefas, para respirar, ou programar períodos livres

específicos do seu dia, pode evitar que você seja sufocado(a) por sua própria programação e pode ajudá-lo(a) a evitar que você fique sobrecarregado(a). Mesmo que você se desvie um pouco do caminho, esses períodos em branco podem ajudá-lo(a) a corrigir o rumo – até mesmo um intervalo programado de quinze minutos à tarde, quando sua energia começa a diminuir, pode ser suficiente para acalmar seu dia.

Ao analisar sua compreensão do tempo e descobrir potenciais armadilhas e soluções com antecedência você terá mais chances de superar a cegueira temporal.

Administre a procrastinação

A procrastinação é um fenômeno comum no TDAH.

Devido às dificuldades com a função executiva, muitas vezes é difícil para as pessoas com TDAH decifrar as etapas necessárias para concluir uma tarefa. Isso pode explicar por que é mais fácil adiar as coisas do que assumir o ônus cognitivo de compreendê-las no momento.

O problema da procrastinação é que ela não só impede a conclusão das tarefas; também pode impactar as pessoas ao seu redor no ambiente profissional. Em seu cérebro, você pode ter a máxima confiança de que as coisas *serão* feitas (em parte porque espera que a adrenalina de deixar algo para o último minuto impulsione você até a linha de chegada), mas isso não está alinhado com o pensamento neurotípico.

Então, aqui estão algumas maneiras de gerenciar a fera da procrastinação:

- **Estabeleça prazos.** Se algo deve ser entregue em uma semana, planeje que seja feito em quatro dias. Se você não cumprir seu prazo-limite, ainda terá incorporado algum tempo *buffer*.

- **Divida as tarefas.** Dividir o trabalho em tarefas menores dá a você a adrenalina de completar as coisas – mesmo que sejam pequenas –, o que prepara o melhor estado mental para atacar itens maiores.
- **Tenha *check-ins* frequentes.** Ter alguém para prestar contas (não uma *micromanagement*, a gestão controladora e prejudicial!) pode ajudar a manter você concentrado(a) na tarefa e evitar que você empurre as coisas até o fim.
- **Recompense a si mesmo(a) o tempo todo.** Se associar recompensas positivas à tarefa que está tentando concluir é mais provável que você continue a se motivar a seguir em frente.

Aprenda a delegar

O cérebro do TDAH já está funcionando em sua capacidade máxima, então qualquer coisa que possa aliviar um pouco o estresse deve ser bem-vinda. A vida fica muito mais fácil quando você aprende como, e o que, delegar.

Muitas pessoas bem-sucedidas sabem delegar, mas poucos adultos com TDAH dominam essa habilidade. Para saber o que entregar a outros você precisa ser capaz de planejar vários passos no caminho, visualizar o progresso de uma forma multifacetada, comunicar-se de forma clara e direta e ser capaz de definir metas que integrem numerosas partes das informações.

Além dos desafios trazidos pelo mau funcionamento executivo, você também deve superar certas barreiras psicológicas. Você pode optar por fazer as coisas sozinho(a) porque está sempre atento(a) ao clichê "se você delegar, você é preguiçoso(a)". Também pode ser vítima de suas tendências de agradar as pessoas ou ignorar interações que podem gerar rejeição.

Pode ser difícil decidir o que delegar, a quem e como fazê-lo. Aqui estão algumas dicas para que você possa começar a redistribuir parte dessa carga de trabalho:

- **Seja claro(a) sobre como deseja que as coisas sejam feitas.** Pode até ser útil registrar um exemplo daquilo que você deseja que seja feito, para que seja mais fácil atender sua perspectiva.
- **Explique por que você precisa dessa ajuda,** de uma forma que beneficie mutuamente ambas as partes (formule seu pedido como um objetivo comum para que não pareça que você está transferindo seu trabalho para outras pessoas).

Aprenda a priorizar

Priorizar é um conceito único. É a capacidade de determinar a ordem de tratamento de uma série de itens ou tarefas de acordo com sua importância relativa.

Os cérebros neurotípicos classificam automaticamente as diversas coisas em uma lista de itens em ordem decrescente de importância. Meu cérebro não faz isso. Se de alguma forma consigo organizar uma lista de tarefas, em geral encontro uma maneira de resolver primeiro as mais fáceis, o que me mantém ocupada, mas não estou necessariamente progredindo.

Sei o que preciso fazer, mas não consigo descobrir como iniciar algo complexo, por isso me mantenho ocupada com tarefas mais fáceis, mas menos críticas. O que é ainda mais irritante é que tarefas que nunca estiveram no meu radar, porque estão tão baixas na escala de prioridades, agora parecem ser as mais atraentes em comparação com itens de maior prioridade. (Então, agora estou de repente limpando o rejunte do chuveiro ao invés de lidar com meus muito mais urgentes impostos? Por que cérebro? Por quê?) Então, como você prioriza se seu cérebro simplesmente não está conectado de forma a fazer isso?

Como os adultos com TDAH muitas vezes têm dificuldades com as funções executivas e autorregulação, concluir tarefas pode ser difícil e grandes projetos podem parecer assustadores. Para superar isso:

- **Decida o que responder primeiro, com base na *importância*.** Pergunte a si mesmo(a) qual é a tarefa mais importante que você precisa realizar e, em seguida, ordene suas outras prioridades depois dessa. Seu cérebro provavelmente deseja realizar as tarefas fáceis e adiar as "grandes" coisas, mas, se começar com aquelas, ao final do dia você poderá ter uma lista completa de coisas aparentemente triviais realizadas, com muito pouco progresso produtivo.
- **Faça uma coisa de cada vez.** Divida grandes projetos ou trabalhos em etapas menores, sequenciais e administráveis. Em vez de dizer algo como "Escreva o capítulo do livro de autocuidado", divida-o em "Suba as escadas até o *laptop*", seguido de "Obtenha textos de referência", depois "Abra as guias relevantes" e assim por diante, até chegar a "Escrever". Se quiser um discurso mais detalhado sobre multitarefa, vá para o próximo tópico "Faça uma coisa de cada vez" no capítulo 6.
- **Mantenha-se concentrado(a) na tarefa.** Evite se desviar seguindo sua programação e usando um cronômetro visual para aplicá-la. A outra chave aqui é reformular sua com-

preensão do tempo. Assim, se uma hora parece um período mentalmente muito longo, você pode dizer a si mesmo(a) para se manter em sua tarefa até o final de uma trilha sonora que esteja ouvindo (por exemplo, a trilha sonora do filme *Garden State* dura cerca de cinquenta e dois minutos).

Tal como acontece com outras indicações, priorizar não é algo que acontecerá da noite para o dia. Existem vários pequenos passos enquanto você aprende a priorizar que podem ajudá-lo(a) a otimizar a eficiência e a eficácia.

Neutralize a inquietação

A agitação e a inquietação são problemas reais, especialmente entre pessoas com apresentação hiperativa de TDAH.

As pessoas se autosselecionam em carreiras que permitem muita movimentação (vendas, serviços culinários e até mesmo certas especialidades médicas, como medicina de emergência). Mas, às vezes, estamos acorrentados às nossas mesas. Reconhecemos que, como adultos, não podemos estar constantemente a correr e a nos contorcer durante as reuniões, por isso aqui estão algumas formas de contrariar a inquietação em um ambiente profissional:

- **Faça pausas.** Fazer pausas intermitentes para caminhar, para pegar água, ir ao banheiro ou verificar a correspondência serve para esticar as pernas e evitar aquela sensação avassaladora de agitação no assento.
- **Faça caminhadas.** Se você puder dar uma pausa, faça algum exercício. Use as escadas em vez do elevador, saia durante o almoço e simplesmente mova-se para melhorar a circulação.

- **Faça anotações.** Se a ideia de uma reunião longa já o(a) deixa contorcido(a), pense em fazer anotações. Isso ocupa você fisicamente e distrai do resto do seu corpo. Como bônus, mantém você mais engajado(a) no assunto tratado!
- **Torne-se criativo(a) em movimento**. Preso(a) em uma mesa? Pense em uma mesa regulável, que permita trabalhar em pé, ou em um pedal de bicicleta para exercício embaixo da mesa, ou até mesmo em fazer algumas posturas de yoga e alongamentos.

Organize seu local de trabalho por recompensa

Ter um local de trabalho adequado ao seu cérebro neurodivergente pode fazer uma enorme diferença em termos de sua capacidade de concentração e conclusão de tarefas. Aqui estão algumas dicas para transformar seu espaço de trabalho [*workplace*] em um espaço que funcione [*a space that works*]:

- **Priorize o conforto.** Os cérebros com TDAH se fixarão em quaisquer estímulos estranhos; portanto, se algo estiver deixando você desconfortável, esse se tornará seu foco principal. Encontre móveis nos quais você não se importaria de passar uma parte significativa do dia. Encontre a altura e posicionamento corretos para o seu computador ou monitor. Encontre um sistema ergonômico de teclado e *mouse* (as opções sem fio oferecem muita flexibilidade).
- **Minimize a desordem.** Embora você provavelmente saiba onde está tudo, apesar da bagunça externa, a desordem acaba por se tornar insuportável e afetar a produtividade. Tente usar um sistema de arquivamento por prioridade da tarefa. Além disso, manter sua mesa o mais limpa possível

é melhor para obter a ordem. Mova todos os documentos que não sejam urgentes para uma gaveta próxima; eles não precisam bagunçar sua mesa.

- **Torne tudo interessante.** Seu cérebro funciona melhor quando está estimulado e engajado. Infelizmente, o trabalho às vezes pode ser tedioso e chato. Faça suas tarefas mais simples ao longo de canções estimulantes (se isso for viável) ou com o uso de pequenas recompensas ("Se eu terminar isso até as quatro horas, posso descer para fazer um lanche").

Se você tem um trabalho que permite liberdade na criação de um espaço de trabalho que otimize seu desempenho profissional, encontre a configuração que funciona para você!

Aprenda a administrar projetos de longo prazo

O cérebro com TDAH não está programado para pensar a longo prazo. Ele quer lidar com o que está acontecendo agora.

Essa é parte da razão pela qual temos tanta dificuldade em planejar algo no futuro. Temos dificuldade em gerir projetos complexos e de longo prazo devido à nossa fraca função executiva.

Aqui estão algumas dicas para nos ajudar a enfrentar esses desafios de longo prazo:

- **Divida as coisas em partes gerenciáveis.** É preciso habilidade para desmontar um projeto em partes práticas para que você possa perceber a ordem em que deseja resolvê-las. Tente ter uma visão geral e descobrir o que seria necessário para ir do início ao fim. Depois de ter uma ordem aproximada de como concluir a tarefa, crie um cronograma e tente concluir cada etapa antes do prazo, e assim criar um *buffer*, para o caso da procrastinação e distração decidirem visitar você.

- **Trabalhe com alguém da área organizacional.** Reconheça que organizar pode não ser seu ponto forte e utilize o cérebro de outra pessoa para realizar os detalhes "minúsculos". Ao delegar algumas coisas no início do processo, você pode construir uma estrutura que seja fácil de sustentar no longo prazo. Aprenda a utilizar seus pontos fortes e, mais importante, compensar seus pontos fracos para ajudá-lo(a) a realizar projetos com mais eficiência.
- **Seja realista quanto aos seus objetivos.** Trabalhe para encontrar prazos razoáveis, levando em consideração o esforço, o tempo e o potencial de *burnout* ou esgotamento. Se tiver oportunidade de trabalhar em um ritmo mais tranquilo, aproveite.
- **Recompense você mesmo(a).** Encher este balde de dopamina à medida que você progride garante motivação contínua, o que abastecerá seu tanque para a próxima parte da jornada.

6

Autocuidado prático

O cérebro com TDAH vê a estrutura como um paradoxo: você odeia se sentir limitado(a) e confinado(a), mas precisa de alguma estrutura para ter sucesso.

Esta é parte da razão pela qual é tão vital encontrar uma rotina ou estrutura para simplificar a sua vida e recuperar alguma calma e controle. O autocuidado prático se refere às ações que você realiza para atender às suas necessidades essenciais e diminuir o estresse.

A maioria das pessoas neurodivergentes pode ter dificuldade em identificar quando foi a última vez que se sentiu "no controle" das coisas. Devido ao nosso cérebro funcionar a velocidades incríveis, é muito fácil esquecer detalhes, cometer erros por descuido ou desviar-se da rotina.

Muitas vezes, suas melhores intenções podem ser frustradas pela falta de preparação, dificuldade em manter o foco ou má gestão do tempo. A melhor chance para manter sua vida em ordem (e sua cabeça acima da água) é aprender e utilizar métodos que ajudem no seu funcionamento diário.

As atividades neste capítulo incluem aprender como fazer orçamentos, lidar com bagunças e minimizar distrações. Talvez estas não sejam as formas mais estimulantes de autocuidado, mas são importantes. Ter esses processos fundamentais alinhados para a eficiência – e não à beira do caos – libera uma grande quantidade de energia mental para gastar em coisas de que você goste.

Entenda o seu diagnóstico

O TDAH é um transtorno do neurodesenvolvimento que se manifesta como um padrão de desatenção, hiperatividade ou uma combinação de ambos.

Os sintomas podem interferir significativamente nas suas atividades e relacionamentos diários e não se limitam apenas ao foco. O TDAH começa na infância e pode continuar na idade adulta.

Muitos adultos com TDAH nem sabem que o têm. O nível de consciência sobre este diagnóstico neurológico aumentou nos últimos anos, mas anteriormente ele foi ignorado ou maldiagnosticado como um problema de humor ou comportamental. O diagnóstico também pode ter sido atrasado ou ignorado, em parte devido ao fato de as pessoas camuflarem os sintomas para parecerem menos prejudicadas. No entanto, à medida que a vida se torna cada vez mais complexa e exigente, muitas vezes fica difícil mascarar eficazmente os sintomas, e déficits graves começarão a vir à tona.

A ideia de ser "rotulado(a)" com um diagnóstico pode tanto ser um impedimento para obter ajuda como resultar em um suspiro de alívio por haver um nome e uma explicação para sua constelação de sintomas. Aqui estão algumas coisas que um diagnóstico formal pode fornecer:

- Validação de escolhas na vida, em períodos anteriores.
- Direção para modificação comportamental.
- Potencial para medicação.
- Possíveis acomodações na escola ou no trabalho.

Talvez a melhor razão, para mim, seja compreender melhor o nosso cérebro. Sei que o acesso aos cuidados nem sempre está disponível, mas educar-se é muitas vezes o melhor primeiro passo.

Encontre o médico certo

Trabalhar com um profissional de saúde mental deve ser uma experiência colaborativa, porque, ao contrário de olhar para exames de imagens, valores laboratoriais ou ossos partidos, a grande maioria dos dados de diagnóstico provém do que o paciente partilha sobre a sua experiência interna.

Pode parecer muito íntimo, porque você estará discutindo coisas que pode considerar privadas. Você também irá depositar muita confiança e fé de que ele entende o que você está relatando e pode trabalhar com você para chegar a uma solução. Então, como você encontra "a pessoa certa"?

- **Obtenha referências.** Você pode obter essas informações de várias fontes: seu seguro, seu médico de atenção primária, seus amigos ou familiares ou até mesmo nas redes sociais.
- **Revise as credenciais.** Considere se o médico possui formação especializada em psiquiatria e quais são suas áreas de atuação.
- **Saiba o que é importante para você em um profissional.** Por exemplo, sexo, idade, se realiza determinados procedimentos e assim por diante.
- **Veja as avaliações.** Mesmo grandes clínicas podem receber críticas negativas eventuais, mas se você estiver vendo um padrão negativo persistente procure outro lugar.

- **Avalie o estilo de comunicação.** Ao consultar o médico, avalie se você se sente confortável, ouvido(a) e compreendido(a). Veja se as questões estão sendo abordadas de forma colaborativa. Avalie se é uma boa opção!

Você tem dificuldade em saber quem é quem em termos de cuidados de saúde mental? Vá para o próximo tópico para obter uma cola!

Entenda os vários membros de sua equipe de cuidados

Descobrir o que está disponível para você é uma coisa, mas conhecer as distinções entre os diferentes graus de formação pode ser confuso. Aqui estão algumas dicas.

- **Psiquiatras.** Os psiquiatras são médicos que cursaram a faculdade de medicina e completaram a formação como especialistas na área psiquiátrica. Eles podem diagnosticar problemas de saúde mental, prescrever e monitorar medicamentos e fornecer terapia. Alguns realizam treinamentos especializados adicionais.
- **Médicos de cuidados primários.** Médicos de atenção primária e pediatras podem prescrever medicamentos, mas você deve primeiro considerar alguém especializado em cuidados de saúde mental para um diagnóstico se você se sentir mais confortável. Os profissionais de cuidados primários e de saúde mental podem trabalhar juntos para determinar o melhor plano de tratamento para a pessoa.
- **Profissionais de enfermagem psiquiátrica.** Enfermeiros psiquiátricos podem fornecer avaliação, diagnóstico e terapia para condições de saúde mental. Em alguns estados

(dos Estados Unidos) são também qualificados para prescrever e monitorar medicamentos, mas podem requerer supervisão de um psiquiatra licenciado.

- **Enfermeiros de família.** Os enfermeiros de família podem prestar serviços médicos gerais e prescrever medicamentos, mas podem não se especializar em cuidados de saúde mental. Eles também podem estar sob supervisão de um médico habilitado.
- **Farmacêuticos psiquiátricos.** Os farmacêuticos psiquiátricos são especializados em cuidados de saúde mental e podem prescrever ou recomendar medicamentos apropriados (nos Estados Unidos). São formados para manejo de medicamentos e algumas funções incluem gerenciar reações e interações medicamentosas, fornecendo educação farmacológica.
- **Psicólogos.** Os psicólogos possuem doutorado em psicologia clínica ou outra especialidade, como aconselhamento ou educação. Podem fazer diagnósticos e fornecer terapia individual e em grupo. Alguns podem ter treinamento em formas específicas de terapia.
- **Conselheiros, clínicos, terapeutas.** Esses profissionais de saúde com nível de mestrado são preparados para utilizar técnicas terapêuticas baseadas em programas de treinamento específicos.
- **Assistentes sociais clínicos.** Assistentes sociais clínicos são treinados para avaliar a saúde mental e utilizar técnicas terapêuticas para auxiliar no tratamento. São também treinados em gestão de casos e serviços de advocacia.

Embora esta lista seja superficial, ela inclui alguma terminologia básica e ajuda a fazer distinções entre os níveis de atendimento[1].

Compreender cada função ajuda a determinar qual seria a opção adequada. Como psiquiatra, geralmente incentivo as pessoas a encontrarem uma equipe de atendimento adaptada às suas necessidades específicas. Isso pode mudar à medida que sua jornada avança, mas é de vital importância educar-se e utilizar os recursos ao seu redor – se forem acessíveis.

Peça ajuda

Não há medalha se você fizer tudo sozinho. Não é um rito de passagem ser mais infeliz do que o resto dos seus colegas.

Aqui está uma dica que mudou o jogo para mim. Se algo não interessa a você, peça ajuda. Para os desafios mais simples, tediosos e demorados, que consomem seu tempo e energia, peça a alguém para intervir – se isso for possível. Talvez você tenha presumido que esse comportamento seria reservado aos extremamente ricos ou gravemente incapacitados? Errado. É uma ferramenta brilhante para se livrar de coisas com as quais você simplesmente não se importa.

---

1 Ressalta-se que podem existir muitas diferenças entre as formações acadêmicas e atividades próprias aos diversos profissionais dos Estados Unidos, descritos no original deste capítulo, e as do Brasil. A seguir são relacionados os profissionais citados anteriormente na obra original e as siglas que os identificam: Psiquiatras – MD ou DO: *Doctor of Medicine* ou *Doctor of Osteopathic Medicine*; Médicos de cuidados primários – MD ou DO: *Doctor of Medicine* ou *Doctor of Osteopathic Medicine*; Profissionais de enfermagem psiquiátrica – PMHNP: *Psychiatric Mental Health Nurse Practitioner*; Enfermeiros de família – FNP: *Family nurse practitioners*; Psicólogos – PhD ou PsyD: *Doctor of Psychology*; Conselheiros, Clínicos, Terapeutas – LPC: *Licensed professional counselor;* LMFT: *Licensed marriage and family therapist*; MS: *Master of Science*; MA: *Master of Arts*; Assistentes Sociais Clínicos – LCSW: *Licensed clinical social worker*; MSW: *Master of Social Work* [N.T.].

Se eu quiser pagar uma faxineira uma vez por mês, ou se sentir que estou sufocando em meu próprio desastre, não terei dúvidas. Não hesitarei em contratar transportadores profissionais em vez de desmontar, embalar e transportar pessoalmente todos os meus móveis. Se me sentir sobrecarregada por me afogar em papelada e não conseguir me manter organizada, contratarei uma secretária uma vez por trimestre para arquivar, enviar fax e descartar coisas. E quando o dinheiro for o fator limitante, peça a um(a) amigo(a) para estar com você e ajudar. Ter outra pessoa presente física ou virtualmente (vá até o tópico "Encontre um dublê de corpo" para ver o porquê) torna mais fácil concluir tarefas terrivelmente enfadonhas.

Crie um orçamento

Gerenciar suas finanças pode ser difícil, porque você deve planejar, ser rígido(a), organizado(a) e lutar contra a impulsividade, tudo ao mesmo tempo. Aqui estão três coisas que rendem apenas alguns centavos (eu sei, sou hilária):

- **Rastreie seus gastos.** Ter boas informações sobre seus hábitos de consumo costuma ser fundamental no gerenciamento das finanças. Encontre uma maneira de rastrear e descobrir *em que* você gasta o dinheiro (isso pode ser facilitado por aplicativos bancários). Se você fizer isso por um mês, terá uma boa amostra de dados para usar em um orçamento realista.
- **Descubra quais são suas compras desnecessárias ou por impulso.** Embora nem sempre seja possível contabilizar esses tipos de despesas, é bom saber quais são, para que você possa fazer um orçamento adequado. Além disso, se

você sabe que está indo para um lugar onde normalmente gasta demais ou compra por impulso, leve dinheiro, para ter um limite firme sobre o que pode gastar.

- **Use a tecnologia para ajudar você na gestão do dinheiro.** Plataformas bancárias online oferecem algumas maneiras pelas quais podem ajudá-lo(a), como recursos para acompanhar suas finanças, pagar contas online e evitar multas por atraso e auxiliar você a gerenciar empreendimentos financeiros com mais eficiência. Pode ser chato abrir uma conta, mas, no longo prazo, isso tornará sua vida significativamente mais fácil.

Como menção honrosa: cancele as assinaturas de e-mails de compras!

Faça uma coisa por vez

Alerta de *spoiler*: Eu não acho que alguém efetivamente possa ser "multitarefa". Acho que, ao invés de fazer duas ou três tarefas simultâneas, está apenas mudando de uma tarefa para outra – o cérebro está processando uma tarefa de cada vez. Um estudo da Universidade de Stanford mostrou que a multitarefa crônica faz com que você seja *menos* eficaz no trabalho e afeta sua capacidade de tomar decisões. Para cérebros com TDAH, que afirmam ser bons em multitarefa, eu pergunto: "Você é bom em multitarefa ou você tem muita energia para fazer muitas coisas (mas nem as faz bem ou nem mesmo chega à conclusão)?"

Ter muitas transições enquanto se move entre tarefas pode fazer com que você perca a noção de onde estava, cometa erros por descuido, precise de mais tempo para completar algo ou até mesmo se sinta potencialmente exausto(a) e sobrecarregado(a).

O estudo de Stanford descobriu que a multitarefa crônica era um ciclo vicioso. Quanto mais a pessoa é interrompida (especialmente por ondas de alta concentração de dopamina), menor é o seu período de atenção. As interrupções dão o estímulo para começar a *criar* as próprias interrupções (fazer uma pausa para verificar o Instagram, enviar um texto para iniciar uma conversa e assim por diante), que o afastam de completar suas tarefas.

Os cérebros de TDAH já estão programados para regular mal as interrupções, e isso exacerba ainda mais os seus sintomas de TDAH.

A sociedade está se deslocando para um padrão inconsciente de fazer muitas coisas ao mesmo tempo. Vivemos em uma época em que não podemos nem ir ao banheiro sem nos desligarmos da rolagem da tela dos nossos celulares. De fato, estar cronicamente sobrecarregado com tarefas e fazer inúmeras coisas de uma só vez agora se traduz em ter importância na sociedade. Estamos todos cobiçando um modelo insustentável.

Então, como você pode se programar para fazer uma coisa de cada vez?

- **Priorize.** É importante saber o que precisa ser feito em primeiro lugar, para que sua atenção não seja atraída por tarefas menos relevantes. Idealmente, se você consegue classificar por importância sua lista de atividades, poderá fazer progresso, e, à medida que seu foco diminui, e aumenta sua tendência a sucumbir às distrações, você poderá estar se distanciando de sua lista de tarefas.
- **Divida as tarefas em partes administráveis.** O cérebro com TDAH realmente gosta de *progredir.* Se você dividir algo em etapas menores, que sejam facilmente alcançáveis, poderá sentir a comprovação de que está avançando, o que, por sua vez, o(a) motivará a continuar.

- **Minimize as distrações.** Esconda seu celular ou coloque-o no modo "não perturbe". Defina limitações no uso das mídias sociais. Bloqueie determinados sites enquanto estiver trabalhando. Você é o(a) culpado(a) mais provável quando se trata de se distrair.

Faça o que você está fazendo agora

Constantemente quero fazer todas as coisas ao mesmo tempo. Muitas vezes começo as coisas com muita energia e aspirações infinitas, mas logo acho difícil me manter na tarefa ou concluir os projetos. O estresse que sentimos não vem de termos muito o que fazer. Decorre de não terminar o que começamos.

Quando as coisas ficam difíceis ou chatas, o cérebro com TDAH perde força, e perde força rapidamente. Essa desaceleração nos incentiva a mudar de tarefa, em um esforço para sermos mais produtivos. Será que se pudermos eliminar ou pular algo da nossa lista de tarefas, *isso* nos dará motivação para continuar? Na realidade, isso apenas nos leva a numerosos projetos incompletos.

Como você pode consertar isso? Faça o que você está fazendo agora.

Se você iniciou um projeto, tente permanecer nessa tarefa, porque, no final, é isso que vai simplificar sua lista de coisas a fazer, permitindo assim que mais algumas tarefas sejam concluídas com sucesso. Em vez de ficar pulando com um pouco disso e daquilo, trabalhe na tarefa mais exigente do ponto de vista cognitivo – porque ela não ficará mais fácil se você procrastinar ou esquecê-la completamente.

Quando sentir vontade de abandonar o navio e concluir a tarefa mais fácil ou interessante, diga: "Isso é o que estou fazendo agora". Diga em voz alta. Funciona quase como uma motivação externa e fortalece sua determinação de ver aquilo pronto.

Mude seu ambiente

Devido ao seu sistema operacional singular, é melhor tentar trabalhar com seu cérebro em vez de contra ele. Quando você acha difícil permanecer focado(a) em alguma coisa, pode ser mais fácil mudar os fatores externos em vez de tentar submeter seu cérebro.

Às vezes você precisa de uma reinicialização para que seu cérebro comece do zero e se concentre nas coisas. Uma das maneiras mais fáceis de fazer isso é mudar de ambiente. Muitos de nós temos ouvido com frequência que devemos valorizar a rotina, mas quebrar essas rotinas às vezes pode nos permitir ter acesso a novas ideias e inovações.

Ao mudar sua rotina, está se expondo a novos estímulos e pode começar a alterar sua percepção. Algo tão simples como mudar de ambiente pode interromper seus padrões e reacender seu cérebro.

Normalmente, quando entro em um padrão estagnado, tomo isso como um sinal para fazer as malas e ir para outro lugar: uma cafeteria, um espaço verde aberto ou até mesmo um lugar diferente em minha casa (atualmente estou escrevendo este capítulo a partir de uma banheira vazia!).

Se você não tem muita flexibilidade em termos de ambiente físico, basta mudar o local onde coloca o computador, ajustar a posição da sua cadeira ou tentar ficar de pé em vez de se sentar. A ideia é fazer com que seu cérebro pense que está em um novo local, para que ele comece a abordar as coisas com uma nova perspectiva.

Comece um planejamento de refeições

Todos reconhecemos a correlação entre comer bem e uma melhor saúde mental geral. O problema para as pessoas com TDAH são as etapas que antecedem o preparo de uma refeição. O planejamento executivo que envolve a tomada de decisões, a priorização e o aspecto da gestão do tempo do planejamento das refeições tornam isso uma tarefa complicada e é provavelmente parte da razão pela qual fazemos escolhas alimentares erradas.

Planejar suas refeições para a semana e fazer uma lista de compras exige uma quantidade significativa de habilidades de funcionamento executivo. Se você já não entende isso, o planejamento das refeições pode ser extremamente cansativo e mais trabalhoso do que os benefícios que proporciona. No entanto, incorporar pequenos ajustes e aprender este conjunto específico de habilidades pode tornar esse processo muito mais viável.

Primeiro, por que você deve planejar as refeições? As pessoas geralmente se fixam no fato de que isso economizará tempo e dinheiro, mas acho que para as pessoas com TDAH isso tira o elemento surpresa. O cardápio pode erradicar a sobrecarga em torno do planejamento das refeições e mitigar o desejo de "pegar o caminho mais fácil" e pular uma refeição ou passar pelo *drive-thru.*

As dicas a seguir podem facilitar esse processo:

- **Reserve um tempo para se preparar.** O planejamento não deve ser um processo longo. Escreva em algum lugar e não perca tempo em memorizá-lo.
- **Mantenha uma lista de receitas** que sejam rápidas, fáceis e que você saiba fazer (coloque-as no seu celular).
- **Planeje todas as suas refeições.** Quando você pula o planejamento de uma refeição, é fácil atrapalhar todo o processo.

- **Prepare as refeições com um cronograma em mente**: nos dias em que você trabalha até tarde, faça algo fácil, como colocar comida na panela elétrica pela manhã.
- **Seja criativo(a) com as sobras.** Você pode usá-las como uma refeição repetida (menos preparação e planejamento!) ou congelar porções para comer mais tarde. Pode também reaproveitar um dos ingrediente para ser a estrela de diferentes refeições: tacos, coberturas de salada, sopas e ensopados.

Uma coisa que torna o cardápio um pouco mais tolerável é saber que, se precisar de uma pausa, tudo bem também. Nem tudo na sua vida precisa ser rígido e regulamentado. Você ainda pode desfrutar de restaurantes, seguir desejos e ainda explorar novas cozinhas quando estiver com vontade. O objetivo do cardápio é tirar um pouco do estresse da rotina do planejamento do dia a dia, não forçar você a uma rotina monótona e sem alegria.

Tire alguma coisa de sua lista de tarefas

Lutar com uma lista interminável de tarefas não é apenas opressor; é também ligeiramente contraproducente. As pessoas ficam tão fixadas e meticulosas na curadoria dessa lista sem fim que muito pouco trabalho é realmente realizado. Você pode olhar para a lista e se sentir sobrecarregado(a) pelo grande volume de itens, ou gastar seu tempo de forma ineficiente por ter os dados malpriorizados. O resultado é o mesmo: exaustão, culpa e falta de produtividade.

E se a resposta fosse tirar coisas da sua lista? O segredo para fazer melhor um trabalho, e se sentir motivado e competente, é fazer menos.

Até parece absurdo, mas deixe-me dizer por que isso é tão vital e essencial para o autocuidado.

Você precisa fazer um melhor trabalho de curadoria de suas tarefas e diferenciar o que é importante o suficiente para consumir sua preciosa atenção e aquilo que pode ser adiado ou removido da lista. Isso permite agilizar seu processo e oferece maiores chances de conclusão.

Você também pode usar o tempo vago entre projetos para se descomprimir terapeuticamente, antes de embarcar em seu próximo empreendimento, em vez de utilizar todos os seus recursos em uma atividade que não precisaria ser realizada imediatamente.

Esta sugestão pode ser benéfica para qualquer pessoa, mas especialmente as pessoas com TDAH deveriam tirar vantagem dela.

Aprender a simplificar sua lista de tarefas minimizará a sensação de estar esmagado(a) pelas obrigações e ajudará você a ser mais produtivo(a) em geral.

Mantenha seu TDAH em mente enquanto viaja

Existe uma certa mutação genética (no gene responsável pelos níveis de dopamina) que se acredita ser responsável pelo comportamento inquieto. Essa variante torna as pessoas mais expostas a correrem riscos, como o de fazer as malas e viajar impulsivamente. Quando este gene inquieto está presente em crianças, elas são frequentemente diagnosticadas com TDAH.

Embora o cérebro com TDAH possa estar predisposto ao desejo de viajar, a execução real da viagem pode ser difícil. Coordenar passagens, observar as mudanças de horário, ou, o mais banal de tudo, fazer as malas para a viagem, pode ser difícil. Sempre esqueço alguma coisa ou coloco na bagagem tudo que possuo.

Aqui estão algumas dicas para que você possa chegar a qualquer destino com seus itens importantes:

- **Faça uma *checklist*.** Comece a fazer uma lista dois a três dias antes de iniciar a fazer as malas. Use o aplicativo de notas do celular e continue adicionando itens à lista conforme se lembra de alguma coisa. Quando estiver pronto(a) para fazer as malas, você deverá ter uma lista bastante abrangente.
- **Planeje todo o seu vestuário.** Tente imaginar a viagem e o que você poderá estar vestindo. Diga a si mesmo(a): "Na sexta-feira vou usar essas calças, essa camisa e esses sapatos para o jantar" em vez de "Gosto muito dessa camisa, deveria levar".
- **Deixe um pouco de espaço.** Sua mala deve fechar de modo confortável e ficar com algum espaço para o caso de você pegar alguma preciosidade extra ou se cansar de dobrar as coisas de forma cuidadosa quando sair. É uma mudança bem-vinda em relação a exceder o limite de peso.

Controle a impulsividade

Impulsividade não é só ser rude ou uma falta de autodisciplina. O controle dos impulsos é uma função do sistema de sinalização do cérebro. A parte do cérebro que controla a inibição – o que impede você de ter determinado comportamento – é chamada de tálamo. O córtex frontal é a parte racional do cérebro que lida com o processamento de emoções e a resolução de problemas. A capacidade de conexão e sinalização entre as duas áreas é fraca nos cérebros com TDAH.

Essa pode ser a tempestade perfeita para um mau julgamento e incapacidade de pensar nas consequências. Muitas vezes as pessoas me perguntam: "Por que você fez isso? Você não pensou no que aconteceria?" Posso dizer honestamente que não pensei.

Como é o comportamento impulsivo no TDAH? Muitas vezes parece um curso de ação imprevisível, baseado em emoções e não na lógica. Esses comportamentos e ações impulsivas podem contradizer diretamente seus próprios planos, hábitos e, ocasionalmente, moral e ética. Muitas pessoas podem ser impulsivas de vez em quando, mas as pessoas com TDAH apresentam uma desregulação tão grande no controle dos impulsos que esses comportamentos podem ser persistentes e abranger inúmeras situações.

Vamos detalhar algumas coisas que você pode fazer para identificar e gerenciar essa impulsividade:

- **Tome consciência de como a sua impulsividade se manifesta.** O que você faz? Quando e onde você é mais impulsivo(a)? Qual foi a consequência do comportamento? Ao fazer perguntas a si mesmo(a) você pode começar a separar esses comportamentos e encontrar tendências e padrões subjacentes para poder mitigar melhor os fatores que os cercam.
- **Atenção plena.** Isso envolve observar o estado emocional que pode ter contribuído para o comportamento impulsivo. Ocasionalmente, estar consciente ajuda a nomear o "impulso" para que você possa entender o que o(a) levou a agir impulsivamente (por exemplo, "eu sinto ciúmes, e é por isso que quero comentar na foto dele(a)"). Uma vez que você consiga reconhecer as coisas que previnem esses anseios impulsivos, você pode desacelerar o suficiente para pensar sobre quais são os próximos passos.
- **Prepare-se com antecedência e sabote sua própria impulsividade.** Uma vez que você reconhece o que faz, e por que o

faz, então você deve ser literalmente mais inteligente do que seu cérebro. Gasta demais? Pegue dinheiro para uma ida às compras e deixe o cartão em casa. Come demais? Coloque as batatas *chips* num pote em vez de levar o pacote inteiro para o sofá. Compartilha demais? Leve um bloco de notas e escreva seus pensamentos em vez de revelar demais porque você está preocupado(a) em não os esquecer.

Parece um paradoxo tentar controlar a impulsividade, mas você pode praticar e potencialmente contornar muito sofrimento utilizando essas técnicas. Com a terapia apropriada, modificação de comportamentos e medicação (se pertinente), você pode desacelerar as coisas e treinar seu cérebro para *pensar* antes de *agir*.

Evite distrações ao dirigir

Adultos com TDAH lutam contra a desatenção e a distração em nossa estrutura básica, por isso precisamos estar cientes de como isso pode se manifestar quando dirigimos, não apenas por nós mesmos, mas também para a segurança dos outros. Pessoas com TDAH correm maior risco de acidentes de trânsito, multas por excesso de velocidade ou estacionamento irregular e desregulação emocional ao dirigir (e violência no trânsito!).

Devido às limitações no funcionamento executivo e à diminuição da ativação do lobo frontal (impulsividade aumentada, mau julgamento, procura de estímulo através de comportamento de risco), existe uma maior probabilidade de resultados negativos ao volante. Podemos ser menos sensíveis a outros motoristas ou às condições da estrada, mas temos uma confiança injustificada nas nossas capacidades de dirigir.

Além disso, uma ligação constante aos nossos dispositivos móveis significa que estamos viajando com algo que nos desviará os olhos da estrada. Os telefones não são a única distração: pessoas no carro, crianças no banco de trás, mudar de estação do rádio, comer, beber, ajustar a maquiagem podem levar a resultados negativos. Corremos especialmente risco quando o impulso é pouco estimulante. Nossos cérebros estão desesperados para encontrar uma maneira de ocupar este tempo e espaço, por isso há um risco muito maior de distração ao dirigir.

Compreender como os sintomas de TDAH afetam o seu dirigir pode ajudá-lo(a) a tomar decisões mais seguras. Dependendo dos seus déficits, poderá ser necessário pesquisar como melhorar os tempos de reação e a sua capacidade de manter a concentração enquanto dirige ou como administrar a desregulação emocional.

Uma das coisas mais úteis que você pode fazer para melhorar os resultados é minimizar as distrações!

Arrume sua cama

Reconheço perfeitamente o quão tolo isso parece, mas é uma virada de jogo. Este pode ser um dos primeiros conselhos de autocuidado que comecei a empregar em minha jornada de TDAH, e eu nem sabia por que estava priorizando isso. Isso simplesmente me fez sentir *melhor*.

Este não é só um hábito para os obsessivamente exigentes. O resto da minha casa pode estar um desastre total, mas minha cama *estará arrumada*. A rotina e ritual de arrumar a cama fazem o meu dia começar com uma vitória. Já marquei meu primeiro ponto do dia e, honestamente, aquela pequenina onda de dopamina me estimula a continuar nesse impulso.

Enquanto estico lençóis e travesseiros, estou tendo um tempo para respirar e me organizar sem pensar o que vai acontecer em seguida. O simples ato físico de arrumar a cama já é estranhamente calmante e terapêutico.

Mas este não é o único benefício. Na faculdade de medicina descobri que, se minha cama estivesse arrumada, era menos provável que eu voltasse para ela quando me sentisse com pouca energia ou derrotada. Quando entrava no meu quarto com a cama feita me sentia mais organizada e pronta para enfrentar outros desafios. Também descobri que voltar para a cama à noite parecia um luxo. Em vez de uma bagunça de lençóis, eu estaria virando as cobertas como se estivesse em um hotel.

Experimente por uma semana. Veja se você nota alguma diferença.

Lide com a bagunça!

Sou bagunçada. Pronto, falei. Meu cérebro nem registra a bagunça, e posso passar por ela porque toda a minha vida é feita de pilhas amassadas, cestos transbordando e gavetas caóticas cheias de fios emaranhados.

POR QUE SOMOS ASSIM? Devido a problemas de nossa função executiva, podemos iniciar projetos, mas não terminar, temos dificuldade em manter a rotina e a consistência e intrinsecamente falta motivação para fazer algo chato, como limpar. Tudo isso é tolerável ATÉ a bagunça se tornar insuportável e de repente você olhar em volta e se sentir irremediavelmente perdido(a). Pode parecer impossível sair desse buraco revestido de moletom descartado que você criou.

Todos nós sabemos que para manter as coisas arrumadas e organizadas você precisa primeiro lidar com a bagunça atual. Aqui estão algumas maneiras muito tangíveis e livres de julgamento para fazer isso:

- **Pegue treze coisas.** Uma das coisas mais difíceis na limpeza é saber por onde começar. Essa é a grande vantagem deste pequeno truque. Você está apenas contando e pegando. Não importa por onde você comece ou o que você pegue: basta pegar treze coisas que estão fora do lugar. Algo em seu cérebro acabará por acompanhar seu comportamento e desencadear uma cascata de reforço positivo para ajudá-lo(a) a continuar.
- **Faça pilhas.** Normalmente faço "lixo", "roupas" e "outros". Se algo estiver fora do lugar, coloque em uma pilha.
- **Ponha música para tocar.** Colocar música para tocar ajuda você a se envolver e permanecer envolvido(a) na tarefa e pode evitar a cegueira temporal (veja o tópico "Administre a cegueira temporal"), pois você avalia internamente seu progresso quando a música termina.
- **Obtenha ajuda.** Peça a seus amigos, cônjuge ou pais para ajudar você nesse processo. E, para a bagunça excepcionalmente fora de controle, contrate alguém, se possível. Você não precisa de uma equipe de limpeza 24 horas por dia, 7 dias por semana, mas contratar um profissional para uma única vez (ou uma vez por mês) pode fazer uma enorme diferença. Houve momentos em que eu teria ficado feliz gastando metade do meu salário para conseguir um espaço habitável novamente.
- **Jogue fora.** Eu não estou brincando. Entendo que isso parece um desperdício e é exorbitante, mas pessoas com TDAH têm dificuldade em atribuir valor às coisas. Podem ter laços emocionais com roupas que já não cabem ou se recusar a se separar de uma forma de biscoitos que está inutilizável por causa de todo o acúmulo de gordura nela. Doe, se estiver

em boas condições, recicle se puder e, se precisar tirar de lá, para sua própria sanidade, livre-se daquilo.

Faça *brain dump* antes de dormir

Há sempre tantas coisas em meu cérebro que é impossível organizá-las de maneira significativa em tempo real. Como resultado, muitas vezes esqueço as coisas em meio a essa confusão neural. Parece que meu cérebro está mais ocupado nos momentos em que deveria estar se acalmando. Tenho ótimas ideias na hora de dormir e quero executá-las imediatamente, mas o lado racional do meu cérebro sabe que preciso dormir.

Entre no *brain dump* – o "despejo cerebral", um método de "botar para fora" pensamentos e aliviar seu cérebro. Anote quaisquer itens ou pensamentos que você possa precisar mais tarde. Derramar, em um só lugar, todos esses pensamentos não filtrados e não processados, fornece dados brutos que você pode classificar em um momento mais apropriado.

- **Divida os itens.** Divida um grande projeto ("escrever um livro") em tarefas menores que você poderia razoavelmente realizar ("encontrar um carregador para o *laptop*", "escrever mais três itens do índice" ou "revisar a introdução"). Isso faz com que o projeto maior pareça mais gerenciável e evita que você fique sobrecarregado(a).
- **Torne as tarefas acionáveis.** Comece com um verbo e diga a si mesmo para fazer algo. Por exemplo, "tomar medicamento às 6 da manhã", em vez de "medicamento".
- **Encontre uma maneira de organizar.** Isso pode ser por prioridade ou agrupando itens semelhantes. Geralmente, dou uma nova olhada em meu *brain dump* e encontro uma forma de dar sentido a ele, para que tenha um pon-

to de partida mais claro na próxima vez que examiná-lo. No final do processo tenho uma lista aproximada de tarefas e uma lista contínua de ideias que não quero esquecer (geralmente é para onde vão minhas ideias mais criativas!).

Foque no progresso e não nos resultados

A maioria das pessoas é treinada para pensar que seu sucesso é medido pelo resultado. Se não alcançaram *aquele* objetivo, fracassaram. Isso é tão unidimensional!

Quando começa a concentrar sua energia mais nos processos e nas técnicas envolvidas e menos nos resultados você tem maiores probabilidades de sucesso e maior satisfação com o desfecho. Aqui estão alguns dos motivos pelos quais você precisa mudar seu modo de pensar:

- **Você tem mais satisfação na jornada.** Ao permanecer presente no processo, você poderá aproveitá-lo mais plenamente. Isso ajuda o cérebro com TDAH a permanecer engajado e continua a impulsioná-lo para frente.
- **Você lida melhor com os erros.** Em vez de os erros lhe atrapalharem, você os usa para aprender, crescer e se adaptar. Ao se fixar menos no resultado, você assume riscos que podem ajudá-lo(a) a alcançar seus objetivos com mais eficácia.
- **Você pode reduzir as distrações.** Focar no processo ajuda a eliminar o "ruído" de fatores externos. Você remove um pouco daquela pressão e ansiedade adicionais que atrapalham seu funcionamento executivo.
- **Você ganha autonomia.** Em vez de tornar a sua felicidade dependente da obtenção de um resultado específico, deixe que a sua satisfação seja impulsionada pela quantidade de

esforço que você colocou no processo e pelo quanto aprendeu no caminho. Com essa mudança simples, você ganha o controle do processo.

Elimine a distração

O conceito de focalizar implica que você pode ignorar informações alheias e fúteis e se concentrar naquilo a que está atendendo no momento. Pessoas com TDAH possuem um filtro ineficaz para estímulos externos e, portanto, são especialmente propensas à distração. Não significa necessariamente que você não consegue manter a concentração, mas sim que se concentra em muitas coisas ao mesmo tempo.

Você pode se distrair com estímulos visuais: vai até o outro cômodo pegar o controle-remoto e acaba limpando o micro-ondas. Você pode se distrair com estímulos auditivos: está tentando fazer um teste, mas se fixa no pé de alguém batendo. Você pode se distrair com estímulos táteis: está conversando, mas fica preocupado(a) com uma etiqueta de camisa que provoca coceira.

Você pode até se distrair com seus próprios pensamentos!

Como é essa distração interna? Saltar de um pensamento tangencial para outro. Um mar de pensamentos, todos lutando pela atenção primária. Dificuldade em se envolver em uma conversa, por estar fora do assunto ou "desligado(a)". Eu disse às pessoas que viver em meu cérebro às vezes pode parecer um rádio percorrendo as estações. Tenho esses pensamentos altos e fugazes que passam tão rapidamente que muitas vezes é difícil mantê-lo por tempo suficiente para compreender a canção, como no rádio.

Lutar contra a distração interna é oneroso. Pode ser opressivo para você e exasperante para as pessoas de seu círculo. Mas aprender sobre o seu cérebro é poderoso. Você pode aprender a gerenciar de modo comportamental essa interferência interna e, esperamos, cimentar caminhos neurais para que a distração se torne um obstáculo menos crônico.

Aqui estão cinco dicas para ajudar a lidar com distrações:

- **Vocalize limites.** Deixe as pessoas saberem quando você precisa se concentrar e certifique-se de criar a oportunidade de passar algum tempo ininterrupto, tranquilo e sem distrações.
- **Visualize as etapas.** Imagine as etapas necessárias para concluir a tarefa em questão. Faça perguntas a si mesmo(a) ao tentar dividir a tarefa em partes menores: O que preciso fazer a seguir? Quando devo terminar isso? Como ficará quando terminar?
- **Esteja ciente do seu clima emocional.** Tentar iniciar uma tarefa enquanto estiver desapontado(a) ou com raiva pode distrair de tal maneira internamente que é quase impossível realmente prestar atenção nela.
- **Seja positivo(a).** Incentive-se e utilize provas do que você já realizou para obter um pouco de dopamina de modo a substituir outras distrações estimulantes e seguir em frente.
- **Encontre um parceiro de prestação de contas.** Compartilhe metas e cronogramas com alguém que possa manter você concentrado(a) e participe das comemorações por atingir seus objetivos!

Acumule hábitos

Um hábito é um padrão de comportamento adquirido que é regularmente seguido e repetido até que possa ocorrer quase no piloto-automático. Quando um comportamento se torna automático, as armadilhas induzidas pelo TDAH (como cegueira temporal, desorganização ou distração desnecessária) deixam de lhe afetar.

Então, como você constrói um hábito?

- **Descubra quais são seus hábitos atuais.** Alguns hábitos estão arraigados em sua rotina, mas talvez não estejam facilitando sua vida. Talvez eles não valham o estresse ou os encargos financeiros. Eles podem ser melhorados ou substituídos por outra coisa?
- **Comece a acumular.** Comece a construir um novo hábito associando-o a um hábito já estabelecido. Dessa forma é mais provável que você mantenha o comportamento.
- **Comemore seu progresso.** Estamos todos preocupados com o ímpeto da dopamina, certo? Para motivar um esforço continuado, registre o seu progresso em um *app*, um aplicativo, compre um café para si mesmo(a) ou faça algo positivo para incentivar o impulso. (Para saber mais por que você deve comemorar essas pequenas vitórias, vá para o tópico "Celebre suas pequenas vitórias".)
- **Seja gentil consigo mesmo(a).** É difícil criar um hábito, e é ainda mais difícil quando seu cérebro literalmente quer fazer tudo ao seu alcance para manter as coisas interessantes e espontâneas. Você não vai manter seu hábito 100% do tempo. Entenda isso e saiba que você está almejando o progresso.

Planeje seu dia na noite anterior

Planejar pode ser um conjunto de habilidades difícil de ser dominado por pessoas com TDAH, porque requer muitos aspectos diferentes da função executiva. No entanto, com a prática, você pode começar a incorporar o planejamento ao seu dia. Planejar ajuda você a se tornar mais eficiente e eficaz e deixar menos as coisas ao acaso. Muitas vezes, quando as pessoas com TDAH têm grandes janelas de tempo não planejadas, elas desperdiçam esse tempo em vez de completar itens de suas listas de tarefas. Aqui estão algumas dicas para ajudar a gerenciar seu planejamento, para que você possa gerenciar seu dia:

- **Reserve um tempo para planejar**. Todos os dias dedique um horário para sentar-se e planejar. Às vezes programar um alarme pode ajudar a transformar isso em uma rotina.
- **Decida o que é mais importante.** Priorizar com base na importância é vital, mas também tente descobrir qual tarefa é mais exigente cognitivamente e tente resolver esta o quanto antes, enquanto você estiver descansado(a).
- **Escreva.** Depender da própria memória é um sistema imperfeito. Coloque os detalhes em seu celular, agenda, *planner,* ou outra ferramenta que você costuma usar.
- **Seja realista quanto às metas de tempo.** Ao planejar o dia seguinte, tente dividir suas tarefas em partes gerenciáveis para evitar o esgotamento. Trabalhe em alguns períodos flexíveis e em algumas atividades divertidas para que não pareçam muito cansativos.
- **Reflita e revise.** Aprenda o que funciona e o que não funciona. Faça ajustes ao planejar o dia seguinte.

Crie um uniforme

Vestir-se pode parecer, às vezes, uma tarefa hercúlea. Você mal acordou e já precisa tomar decisões em relação ao decoro social e às mudanças de temperatura, descobrir quais texturas são adequadas para aquele dia e, ainda, *nada* está limpo. Uma das vantagens de ter uniforme é que você não precisa pensar nessas variáveis.

Um uniforme não precisa ser algo monótono e sombrio que você use todos os dias. Podem ser calças que você sabe que têm o comprimento certo e que não vão apertar seu estômago da forma desconfortável. Pode ser de cores diferentes em um mesmo tipo de camisa, que não tenha etiqueta que provoque coceira ou precise ser lavada a seco.

Ter um "*look*" definido reflete o estilo pessoal e pode até se tornar uma parte memorável da sua personalidade (pense na gola alta, rolê, de Steve Jobs ou nos óculos de Iris Apfel!). Ter um conjunto limitado de combinações de roupas elimina parte do trabalho cerebral de se preparar pela manhã e garante que você esteja confortável, apresentável e confiante.

Isso não é para desencorajar aqueles que vivem e respiram o sartorialismo. Se você usa a moda para expressar sua criatividade e gosta de montar *looks* inspirados nas passarelas, então este tópico não é para você. Isso é para as pessoas que acordam e imediatamente se sentem desanimadas com a quantidade de opções e pensamentos tortuosos necessários para começar o dia.

A chave para gerir com sucesso o TDAH é compreender as áreas da vida que poderiam ser simplificadas. Seu armário é um deles.

Aprenda a administrar o tédio

Detesto a estagnação sem esperança do tédio e, francamente, faço tudo ao meu alcance para evitá-la. Quando me sinto assim, pulo desesperadamente em qualquer atividade para evitar esse vazio.

Mas, estaria eu fazendo errado?

Quando você permite que seu cérebro se acalme, você muda para caminhos neurais menos conhecidos, chamados de rede de modo padrão (RMP). Este é um grupo de áreas distintas do cérebro que ficam ativas quando o cérebro *não* está envolvido em uma tarefa que requer foco. Essas partes do seu cérebro ficam ativas quando você pensa que ele está em repouso.

Para cérebros neurotípicos, as redes orientadas para tarefas e as redes padrão são recíprocas: à medida que uma trabalha mais, a outra fica mais lenta. Para TDAH? A RMP está ativa enquanto as partes do cérebro orientadas para a tarefa estão ativas, o que é outra explicação possível para o motivo pelo qual é mais provável que você seja sugado pela distração.

Agora que você entende a neurobiologia, como isso se relaciona com o tédio? Quando seu cérebro começa a reduzir a tensão e entrar na RMP, você pode encontrar ideias que apresentou anteriormente, porque não conseguiu dar a elas o foco apropriado, joias brilhantes de criatividade que você teve que deixar de lado devido a restrições de tempo e até mesmo lembranças que você deixou esquecidas por anos.

Da próxima vez que você cair na insuportável calmaria do tédio, fique por aí. Não demorará muito para que a RMP entre em ação e apresente algo novo e interessante para refletir.